JN040661

# 記憶に残る人になる

## トップ営業がやっている本物の信頼を得る12のルール

福島靖
Fukushima Yasushi

ダイヤモンド社

商品やサービスにズバ抜けた強みがなくても、
お客様を無理に説得したり、
ガツガツと売り込んだりする必要はない。

目の前の人の「記憶に残る」存在になれたら、
信頼が生まれ、おのずと選んでもらえる。

これは、そのための

# 12のルール

を伝える本です。

31歳で挑んだ営業1年目、僕の成績は最下位だった。

しかし翌年、総勢200人いる営業の中で、
僕は紹介数、顧客満足度、ともにナンバーワンになった。
どん底だった僕が、なぜ、わずか1年で結果を出せたのか。
それは特別なテクニックを身につけたからでも、
血を吐くような努力をしたからでもない。
たったひとつ、**仕事における意識を変えただけだった。**

2014年7月、僕はアメリカン・エキスプレスに契約社員で入社した。
同社のカードを愛用していた僕に、友人が採用募集を教えてくれたのだ。
仕事は法人カードの新規開拓営業で、相手は主に中小企業の経営者。
はじめは、相手が言っていることがまったくわからなかった。
「いま円安で建築資材の値段が上がっていて大変なんだ」
そう言われても、円安という言葉の意味がわからない。

「そうですよね～」と、雑に合わせるのがやっとだ。
節税、売り掛けなど、営業の常識的な言葉の意味もわからなかった。
場違いな世界に飛び込んでしまったと、毎日へこんでいた。

そして僕は、**成績最下位になった。**
このままでは年末の更新時に契約を切られる。不安が押し寄せた。
実際、周囲では「福島さんは年を越せないだろう」と噂されていた。
そこで自分を奮い立たせ、たくさんの営業本を読み漁った。
多くの本に書かれていたことは、大きく二つに分けられた。
ひとつめは、**「売れている人の真似をする」**というもの。

売れている同僚たちは、あらゆる努力をしていた。
毎朝6時に出社して、山のようにDMをつくり企業に送りまくっていた。
毎日終電までオフィスに残り、商談のための資料を作っていた。
自分のロープレ動画を研究し、セールストークを頭に叩き込んでいた。

そこで、営業成績ナンバー1の先輩の言動を真似してみた。
そのかいあってか、成績はほんの少しだけ伸びた。
でも同時に、僕の心にはある「すきま風」が吹き始めた。
お客様のためではなく、**契約のための営業になっていると感じたのだ。**

他社にはない明確な優位点があれば、
「お客様に最適なのは弊社の商品です」と堂々とアピールできる。
でも実際は、他社とかぶらない機能やサービスを見つける方が困難だ。
「ポイントが貯まるのは弊社のカードだけ！」なんてことはない。
だから僕がやっていたのは、お客様の不安を煽り、
他社製品との些細な違いを大きな差のように伝えることだった。
そんな自分が、**お客様に嘘をついているようで嫌いになった。**

それに相手を騙すようにして売上を積み上げても、
期が終われば成績と一緒にお客様との関係も0に戻ってしまう。

心はすり減るばかりなのに何も残らないことに、虚しさを感じた。

「もう、必死になってお客様を説得するのは嫌だ」

そこで、営業本に書かれていたもうひとつの極意を試すことにした。

「新しいお客様をご紹介いただく」という、**いわゆる紹介営業だ。**

本には、そのための方法もちゃんと書いてあった。

「『紹介してください』と、お願いしてみよう」

なんだ、それなら僕にもできそうだ。

翌日から、勇気を振り絞って、会う人すべてに頭を下げてみた。

「お客様を紹介してください！」

契約をいただけたかどうかにかかわらず、

すべてのお客様との商談後に、そう切り出してみた。

でも、結果は散々なものだった。

初対面の営業に大切な知人を紹介してくれる人なんていなかった。

あるお客様には、こう言われた。
「今の君は、紹介したいと思われる人なのか?」
この言葉は、僕にとって衝撃だった。
それまでは、社名や商品、サービスに魅力があり、
そこに信用があれば、お客様を紹介してもらえると思っていた。
だから初対面のお客様にも紹介をお願いできていた。
**でもお客様が見ていたのは、僕の「人間としての魅力」だった。**

本を読み漁り、優秀な先輩の真似をして、さまざまな手段を試した。
でも振り返ってみたら、誰も僕のことなんて信頼していなかった。
この半年間の努力が、水の泡になって消えたような無力感があった。

そんなある日、ついに最初の契約をいただくことができた。
それは、予想もしていない意外なことがきっかけとなった。

必死に電話をかけまくったことで、僕は初のアポイントを手に入れた。
相手は、創業まもないある会社の経営者。
年齢も近く、お互いに自社商品やサービスへの
熱い想いを持っていたこともあってすぐに意気投合し、
プライベートで飲みに行くことに。
商談では話さなかった過去のことなどを語り合い、
お酒の勢いもあり話は大いに盛り上がった。
「お客様相手だから粗相がないように」と緊張していたけど、
終わってみれば、心からリラックスできた楽しい飲み会だった。

それから一週間後、彼から電話がかかってきた。

なんと、**「契約したい」との電話だった。**

さらに驚きだったのが、その後の言葉だ。

「じつは紹介したい人がいるんですが、受けてくれますか？」

予想外の言葉の連続に驚いていると、彼は続けてこう言った。

「○○という企業は知っていますか？」

ＣＭも連日見かけるような有名企業の名だった。

「当然です。有名企業ですよね」

「そこの代表です」

驚きで、最初は言葉の意味がわからなかった。

彼はその有名企業の経営者と個人的に親交があったそうだ。

後日、その経営者をご紹介いただき、すんなりと契約が決まった。

これが自分にとって人生初の、紹介で決まった契約だった。

「どうして僕みたいな新人営業に紹介してくれたんですか？」

契約を終えた後、彼にお礼を伝えに行き、聞いてみた。

すると彼は笑いながらこう言いった。

**「だって私は、福島さんのファンですから」**

僕は嬉しくて、その会社を出たときにちょっぴり泣いてしまった。

あれだけお願いしても得られなかった紹介が、ついにもらえた。

楽しい会話をしただけで、仕事の話なんてほとんどしていないのに。
不思議な気持ちでいっぱいだったが、後になって気づいた。
営業としてではなく、ひとりの人間として相手と向き合った。
だから、**「人」として信頼していただけたのだと。**

この経験によって僕は、それまでの営業活動や、
ひたすらテクニックを磨くことに疑問を抱くようになった。
「商品力や仕組みで差がつかなくても、
〝自分〟という存在を価値に変えられるのかもしれない」
「そのためにはお客様を説得するよりも大事なことがあるのでは」
そしてその年の年末、僕はひとつの「意識」に辿り着いた。
その意識が翌年、僕を成績最下位からトップ営業へと導いてくれた。
これが、その意識だ。

**「記憶に残る人になる」**

# はじめに
## ――ガツガツしなくても「選ばれる人」がやっていること

営業1年目、成績最下位で苦しんでいた頃の出来事をお伝えしました。
この話を持ち出したのには、理由があります。
**商品力や仕組みで差をつけられなくても、「人としての魅力」で差をつけられる。**
そうお伝えしたかったのです。

「営業」にかぎらず多くの仕事において、お客様から選ばれることは重要です。
メーカーも飲食店も小売店も。アーティストだって例外ではありません。
販売している商品やサービス、作品を買ってもらうことで成り立っています。
数多くの競合の中からお客様に選ばれ、支持されたものだけが生き残る。
それが、ビジネスの世界です。

自分がお客様の立場になったときも、「選ぶ」という行為は欠かせません。
機能、値段、口コミを比較し、いちばん便利で少しでも安いものを買いたい。
論理的に判断して導きだした「正解」を選ぶことで、安心したくなります。

でも、ちょっと待ってください。
**僕たちは本当に論理的な判断だけで選択をしているのでしょうか？**
こんな経験をしたことがある人も、いるのではないでしょうか。

◎その気がなかったのに、一生懸命に話す営業に感動してつい契約してしまった。
◎他社製品とくまなく比較したわけではないのに、店頭にいた販売員の丁寧な接客に感動して買ってしまった。
◎特別に味が美味しいわけでも安いわけでもないのに、店員たちの人柄が好きで同じお店に何度も通っている。
◎ふと目に留まったクラウドファンディングで主催者の熱い想いに胸を打たれて、知らない人だったのに応援した。

こんなふうに**「人」で選んだ経験が、誰しも一度はあるように思います。**

## 「誰が」が価値になる時代に必要なこと

「物から、体験の時代」、そして「意味の時代」になったと言われています。

ですがパーパスやSDGsといった言葉が世の中に浸透し、あらゆるビジネスに意味が付加された昨今では、志のないビジネスを探す方が難しくなりました。

そこで次は、「人の時代」になったと感じています。

機能や値段ではなく、**「誰が言ったか」「誰がやっているか」で選ばれる時代**です。

時代が変わり、商品やサービスを売るために必要なことも変わりました。

有名になるとか、美男美女になるとか、そんなことではありません。

大事なことは、ただひとつ。

**お客様に「人」として信頼してもらうことです。**

商品の強みもわからず、トークスキルも乏しい。

そんな僕が結果を出せたのも、お客様に人として信頼いただけたからでした。

僕という「人柄」に魅力を感じて、選んでいただけたのです。

自分で言うのは少し恥ずかしいですが、そうとしか考えられません。

実際、お客様のなかには、こう言ってくださる方が少なくありませんでした。

**「福島さんだから、契約しようと思いました」**

考え方によっては、とても良い時代になったと言えます。

物、体験、意味の時代は、商品や仕組みの力で差がついてしまいます。差を乗り越えるには、スキルやテクニックを身につけて他者と競う必要がありました。

一方で「人」の時代は、**自分しだいで一発逆転が可能です。**

あなたの周りにも、こんな人がいませんか？

**飄々(ひょうひょう)としているのに、多くのお客様に選ばれて結果を出し続けている人。**

**ガツガツと攻めなくても、なぜかお客様の方から心を開き信頼されている人。**

**商談で雑談や笑い話ばかりしているのに、最後には契約を決めてしまう人。**


商品力が乏しかったり、相手を強く説得できなかったり。

もしくは実績がなかったり、強みがなかったり。

そういった人でも、「人としての魅力」によって他者から信頼を得て、結果を出すことができる時代なのです。

## 「人」と接する、あらゆる仕事をする人へ

はじめまして。福島靖と申します。

「福島靖事務所」という個人事務所を開き、幅広い業種においてコンサルティングや事業プロデュースをしています。

多いときには年50回ほど、全国各地の企業で講演やセミナーもしています。

とくに多いのが、営業職の方々に向けてお伝えする機会です。

アメリカン・エキスプレス（以下、アメックス）の営業で結果を出したことで、その秘訣を語ってほしいと、業界を問わず多くの企業からご依頼を受けています。

くわえて、SNSでも積極的に「営業」についての知見を発信しています。

ありがたいことにTwitter（現X）では2万人近い方がフォローくださっています。

これらの場で僕がお伝えすることへの感想として多いのは、次のような言葉です。

「こんな話、これまで聞いたことがありませんでした！」

「まさに目から鱗が落ちたようでした！」

自分としては当たり前のことを伝えているつもりなのに、なぜこう言っていただけるのか。不思議に感じていましたが、考えた結果、理由がわかりました。

その理由は、おそらく僕の経歴にあります。

アメックスの営業になる前、僕は世界的ホテルチェーンであるザ・リッツ・カールトン東京（以下、リッツ・カールトン）で6年間働いていました。

**その後、営業になった当初は成績最下位になった僕ですが、リッツ・カールトン**

**で学んだことを営業の仕事に応用したことで、お客様から信頼され、選んでもらえる営業になれました。**

だから僕がお伝えする内容は一般的な営業スキルとはまったく異なっています。営業の世界では珍しい視点なので、興味を持ってくれる人が多いのでしょう。

本書では、僕がホテル時代に学び、営業時代に実践した「信頼を得る方法」を余すところなくお伝えします。営業やサービス業での実体験を多数交えてお伝えしていきますが、たとえばこんな人にもお役立ていただけるでしょう。

- 取引先やクライアントから信頼を得たい人
- 社内の同僚や上司、部下から信頼を得たい人
- 社名や肩書きではなく、個人として信頼を得たい人

要するに、ほとんどすべての人です。なぜなら営業やサービス業にかぎらず、**どんな仕事も「人と人」のつながりで成り立っているという点では同じだからです。**

## 「高卒・フリーター」の僕が変われた理由

営業時代、僕は商品力や仕組みの力で他社に勝てませんでした。

そこで「人間力」を磨くことで、お客様に選ばれ、結果を出しました。

こう書くと、なんだか僕が優れた人間のように聞こえるかもしれません。

でも実際は、**人付き合いが苦手で、自分勝手で、努力や挑戦が大嫌いで、何事にも長く取り組めないような人間**でした。

それを表すように、僕のキャリアはとても順風満帆とは言えません。

まず、僕は高卒です。中学3年生で仲間はずれにされたのがきっかけで人間不信になり、それから友達が一人もできず、次第に学校にも行かなくなりました。

やがて両親とも衝突するように。そんな環境から逃げだしたくて、「俳優を目指す」ことを口実に18歳のときに上京しました。

その後、通信制の高校をかろうじて卒業しましたが、勉強と呼べる経験はこれが最後になりました。

そして24歳まで、フリーターでした。

俳優養成の事務所に入るも、すぐにレッスンは疎かになり、飲食店でのアルバイトやバーテンダーなど職を転々としていました。

そんな僕が変わるきっかけになったのが、24歳で入社した「ザ・リッツ・カールトン東京」です。

ここで働いた6年間が、のちの営業時代にも効いてくることになります。

## リッツ・カールトンが持つ「唯一無二の価値」とは

リッツ・カールトンで学んだことは数多いですが、なかでも最も大きな学びが「自分らしく振る舞う」ことの大切さです。

リッツ・カールトンは圧倒的なホスピタリティで有名なホテルですが、**じつは明確なルールがほとんどありません。**

大切にしているのは、リッツ・カールトンらしさ。つまり、在り方です。

売上や経営方針ではなく、自分たちが「どう在りたいか」を大切にしています。

それは「クレド（ラテン語で〝信条〟）」という言葉で表され、そのクレドをまとめた一枚のカードを、全世界の従業員は必ず携帯していました。

そして各部署で朝晩行われるミーティングに部署の全員が出席し、クレドについて意見を伝え合います。「このクレドを私はこう考える」と、自分の言葉にすることで内容が「自分ごと化」し、日々の行動でおのずと実践できるのです。

「福島さん、このクレドをどう思いますか？」と、僕も何度も問われました。


**クレド（在り方）を表現するために「自分なりに考えて行われる接客」こそ、リッツ・カールトンの持つ唯一無二の価値です。**


入社1年目、今でも覚えている悔しい経験があります。

あるお客様に「Mさんいる？」と、先輩社員について尋ねられ、僕が「今日はお休みなんです」と答えると、**「じゃあ、また来るよ」と帰ってしまったのです。**

「待って、僕じゃダメなんですか……？」と、心の中で嘆きました。

従業員は全員、業務内容を熟知していますし、均一なサービスを提供できます。

でもそのお客様が求めていたのは、Mさんなりのおもてなしや、Mさん自身の存在だったのです。

Mさん以外にも、いち個人としてお客様に認識され、信頼されているスタッフがリッツ・カールトンには何人もいました。

彼らは大袈裟なおもてなしをしていたわけではありません。クレドに基づいてお客様のために自分ができることを考え、行動していました。

クレドという「how to be（在り方）」から生まれた「how to do（自分なりの行動）」こそが、リッツ・カールトンの唯一無二の価値だったのです。

それが、多くのお客様に選ばれ続ける理由となっていました。

でもそんな大切な学びを、**営業になった僕はすっかり忘れてしまいました。**

## 営業としての学びが、僕を「成績最下位」にした

リッツ・カールトンで約6年勤務したのち、31歳でアメリカン・エキスプレスの法人営業に転職しました。

未経験で挑んだ営業の世界は甘いものではありませんでした。経験なし、知識なし、人脈なしの僕は、当然ながら成績最下位に。同期たちが入社翌週には契約を決めるなか、僕は一件目の契約までに1ヶ月半もかかりました。

成績最下位だったと聞くと、自己研鑽を怠けていたり、営業活動をサボっていたりしていたのだと思うかもしれませんが、そうではありません。

他社商品に負けないセールストークを考える。

何度もロールプレイングをして切り返し方法を身につける。

その場で意思決定させるクロージングの技術を磨く。

契約を得るためのこうしたテクニックを必死になって学びました。

ですが後になって気づきましたが、**テクニックを使いこなしている優秀な人たちは、もともとコミュニケーション力が高そうな人ばかり**でした。

そもそも話がうまいわけでもない人間が付け焼き刃的に技術を身につけたところで、うまく使えません。セールストークやクロージングプランを覚えたところで、暗記した内容を語るだけの不自然な会話になってしまいました。

頭は真っ白で、予想外の反論や質問を受けると、もはやパニック状態でした。

暗記したことを話していただけなので、自分の言葉で話せないのは当然です。

**人と同じ方法で、同じレースで競争しても、人より劣った僕は「他の営業よりダメな営業」にしかなれませんでした。**

それに本書の冒頭で述べたように、心にはお客様を騙しているような罪悪感がありました。テクニックを身につけるほど、自分がやっていることに違和感を覚え、想いが冷めていったんです。

そんなモヤモヤを抱えながら、２０１４年の大晦日を迎えました。

そしてこの日、人生が変わりました。

## 営業を辞める覚悟を決めた、２０１４年の大晦日

2014年12月31日、始発の電車に乗り、会社へ向かいました。

「自分はいったい、何のために働いているのだろう」

心に吹いた「すきま風」の正体を知るために、これまで追いかけていた「やるべきこと」をいったん忘れて、一人でじっくり考えてみようと思ったのです。

そして心の中には、こんな気持ちもありました。

「今日、答えが出なかったら、営業を辞めよう」

出社した僕は、まず「会社として、あるべき姿」を考えてみました。

他社と比べて「決定的にこれが違う！」という点を見つけられたら、もっと胸を張って営業活動ができると思ったのです。

ところが**5時間考えても、答えはまったく出ませんでした。**

入社からまだ半年ほどの僕には、明確な強みがわからなかったのです。

そこで今度は、「営業として、あるべき姿」を考えてみました。

「どんなお客様も説得できる営業」「契約を勝ち取るまで粘り続ける営業」……。

社内の成績優秀者の姿を想像すると、言葉はいくつもスラスラと出てきました。

でも気が弱い僕は、お客様に渋い顔をされると何も言えなくなってしまいます。

いちど断られた相手に再度営業をかけるなんて怒られるのが怖くてできません。

自分の性格を考えると、どれも難しいように思えました。

それに、**心の底から「そんな営業になりたい！」とは思えませんでした。**


もう時刻は夕方を回っていました。

なんとか今年中にこのモヤモヤを解消して新年を迎えたい。

でも、会社の強みもわからない、営業としてあるべき姿も共感できない。

焦った僕は、ふと「これまで、自分には合わない姿を目指していたからモヤモヤしていたのかもしれない」と考えました。

そこで、もしもこの会社で働いていなくても、営業をしていなかったとしても、**自分が「ひとりの人間としてどう在りたいのか」**を考えてみたのです。

## ホテルマンも営業も、すべての仕事は「同じ」だった

すると、不思議なことが起こりました。

それまではいくら考えても出てこなかった答えが、一瞬で出てきたのです。


**「目の前の人の、記憶に残る人でありたい」**


僕はとまどいました。

だってそれは、リッツ・カールトンで働いていたときに大事にしていたことと同じだったからです。

「まったく違う仕事に就いたはずなのに、なぜ同じ答えが出てきたのだろう？」

次の瞬間、オフィスにあるいろんな備品が目に入り、あることに気づきました。

ホワイトボードに蛍光灯、デスク、椅子、ハサミ……。

これらはすべて人が作り、人が売り、人が買い、人が使うものです。

職業や業界は違っても、**世の中のすべての仕事は「人と人のつながり」によって成り立っている。**この事実に気づき、ハッとしました。

7年前、僕はお客様に喜んでもらえるのが嬉しくて、ホテルマンになりました。

自分なりの方法でお客様を喜ばせて、いちスタッフではなく「福島」として相手の記憶に残ることにやりがいを感じ、目標としていました。

その気持ちは営業になったときも同じだったはず。

それが**「営業という役割」をこなそうと考えるうちに、いつの間にか、いちばん大切な心を失ってしまっていたのです。**

「まったく違う仕事をしていると思っていたけど、ホテルマンも営業も、人と人とのつながりによる仕事であるのは同じだ」

そう気づいた瞬間に、一気に視界が開けました。

商品力が劣っていても、優秀な営業を演じられなくてもいい。

相手の記憶に残れたら、その他大勢の営業とは違う存在になれる。

それが信頼関係をつくる第一歩になるはずだ。

営業の本質を、いや、**仕事の本質を理解できたように思えました。**

そこから、目の前の人の記憶に残る方法を夢中になって考えました。

気づけば時間は24時近く。外は真っ暗になり、初詣の客で賑わっていました。

誰かの「記憶に残る人になりたい」と願ったのにはある理由があるのですが、それについては後ほどお伝えします。

こうして僕の営業活動はがらりと変わり、翌年、表彰台に立つことができました。

## 「興味がない」ことは、そもそも検討されない

**興味を持たれていない状態で何を伝えても、すべて無意味です。**

提案の内容も大事ですが、興味を持たれていなければ、そもそも話を聞いてもらえません。言葉が相手の耳に入っていかないのです。

僕が成果を出せたのも、**記憶に残るために実践したことによって、お客様に興味を持っていただけたからでした。**

たとえば、この本を買ったときのことを思い出してみてください。

書店で買ったという人は、おそらく周りには無数の書籍が置いてあったはずです。あなたはそれらすべての本のタイトルやキャッチコピーを読み、「どれを買うべきか」を吟味してから買ったでしょうか？

ほとんどの人は、なんとなく気になった本書を手にとり、タイトルを見て、人によってはキャッチコピーを読む前に本を開いて中を見たのではないでしょうか。

どの本の表紙にも、それが「どれだけ優れているか」「読者にとってどれだけ良いことがあるか」が書かれています。

でもいまは、消費者にとって「耳あたり」の良い言葉で溢れた時代。

**そもそも興味を持たれないと、「良さ」を伝える言葉も届きません。**

本を例に出しましたが、人も同じです。

初対面の商談で、挨拶も早々に「御社だけの特別な提案があるのですが～」と切り出されたら、少し戸惑う人もいるのではないでしょうか。

説明が論理的で、たしかにお得な提案であっても、**「きっと誰に対しても同じ話**

**をしているのだろうな」と、言葉は頭をすり抜けていってしまいます。**

「その商品が良いのはわかったけど、あなたの言葉を信用していいの？」

疑いの気持ちを抱えたままでは、言葉も入ってきません。

一方で、最初に「この人は面白そうだ」と興味を持ってもらえると、違います。

その後の話にも耳を傾けてもらえますし、また会いたいとも思われます。

初めて会ったとき、「この人は他の営業とは違うな」と思わせる営業。

商談が終わった後、「面白い人だったな」と、つい思い出してしまう営業。

「昨日、こんな人が来たんです」と、つい同僚や上司に言いたくなるような営業。

そんな人がいたとしたら、どうでしょう。

「もっと話を聞いてみたい」「また会って話を聞いてみたい」と思うはずです。

営業は商品やサービスについて、当然「良いこと」しか伝えてくれません。

そんなことはお客様の側もわかっています。

だから話の内容で気を引く前に、そもそも**「話を聞きたくなるような興味を持ってもらう」**ことが重要なのです。

# あなたは「本音を話すに値する人間」か？

それに、興味のない相手に本音を話してくれる人なんていません。

営業の世界ではよく「お客様のニーズを聞き出すことが大事」だと言われます。

ですがいくらヒアリングの能力を磨いても、**そもそも自分のことを「本音を話すに値する人間」だと思ってもらえないと意味がありません。**

成績最下位時代、僕が「御社の課題を教えてください」と探ってみても、お客様の表情には「なんで、今日会ったばかりのあなたに教えなくてはいけないの？」という疑念が見てとれました。

「ご決断いただけない理由を教えてください」と聞いてみても、相手は当たり障りのない、その場しのぎの回答をしていると感じました。

どう見てもアメックスのカードに変えたほうが得なのに、「今のカードで満足している」と譲らないお客様もいました。

「社内の稟議(りんぎ)を通すのが面倒だから」といった本当の理由があったのだと思いま

すが、聞き出すことはできませんでした。

お客様のもとを訪れている営業は、自分だけではありません。

おそらくほとんどのお客様は、過去に似たような提案を断ってきたはずです。

だから会う前から「どうせまた似たような話だろう……」と感じています。

過去の営業とは違うと感じてもらえないと、スタート地点にも立てません。

何かを語る前に、**そもそも「興味を持たれる人」になることが重要なのです。**

## 記憶に残るために掲げた「12のルール」

「記憶に残る」ために実践したことが、お客様の興味を引いたと伝えました。

そうです。想いは大事にしているだけでは伝わりません。

大切なのは、**それを行動で表現することです。**

たとえば講演で「誠実さが大事です」と伝えると、終了後、僕のもとに来て「私も誠実さを大事にしています」と言う人は少なくありません。

そんな人に、僕はこう問いかけます。

「では、あなたはそれをどうやって伝えていますか?」

すると、たいていの人は口ごもってしまいます。

「こんな人間で在りたい」という想いを持っていても、それを**行動にして伝えているいる人は、ほとんどいないのです。**


「人の魅力は見た目ではわからない」と言われます。

たしかに、長く付き合ってみることでわかる奥深い魅力もあるとは思います。

ですがビジネスの世界においては、この言葉を鵜呑みにするのは危険です。

とくに営業の場合、評価が判断されるのはたった一度の機会です。

**初対面で「他とは違う人だ」と興味を持たれなければ、次はありません。**

営業は「見た目で判断される」のです。それも一瞬で。


では、どうすればお客様の印象に残れるのでしょうか。

飲み会に行きまくる？　ゴルフに行きまくる？
スーツを派手にする？　お中元を配りまくる？
きっと印象には残りますが、僕だったらちょっとつらいです……。あまりに自分らしくないからです。それに同じことを考える人も多そうで、結局はどこにでもいる「ガッツガッツした営業」と思われそうです。

行動を起こすことが大事ですが、それは**自分らしい「how to be（在り方）」から生まれた「how to do（自分なりの行動）」であることが重要です。**

**それが相手の記憶に残り、あなたを唯一無二の存在に変えるのです。**

僕は自分らしい方法でお客様の記憶に残るために、ルールを定めました。
「それでダメなら潔く営業を辞めよう」という覚悟を持ち、営業成績よりも、このルールを貫くことを優先しました。

それが、次のページにある「12のルール」です。

## 本物の信頼を得る12のルール

1. 顧客よりも先に「ファン」をつくる
2. すべてに対して「意味づけ」をする
3. 「5秒間」だけ立ち止まる
4. 「傘」を持っていてもささない
5. 素朴な「鏡」へと姿を変える
6. 「無駄」を追究して効率化を目指す

一目では意味のわからないものもあると思います。見返すたびに「なんだっけ？」と考えるように、あえてわかりにくい表現にしています。

それぞれの意味は本編で説明していきますので、ご安心ください。

「たった12個だけ？」と思うかもしれませんが、僕はこの12のルールをつくったことで、「じゃあ、どうするか」がいくつも浮かんできました。

「お客様のお誕生日だけを記した手帳を作って、当日はお手紙を出してみよう」

「会話で聞いたお客様の趣味や、喜びそうな情報をお礼状に書いてみよう」

細かいテクニックを学んだり覚えたりしても、かつての僕のように使いこなせない人もいるかもしれません。

**でも指針を定めることで、具体策はいくらでも溢れ出てくるようになるのです。**

## 「営業らしさ」よりも大事にしたいこと

指針をつくったことで行動が変わり、しだいにご紹介がではじめました。

思わずお客様に「どうして僕に紹介してくれたんですか?」と聞いてみたところ、「福島くんは営業っぽくなくて、話しやすかったからさ」とのことでした。

他にも、あるお客様はこうおっしゃっていました。

「契約を断ったにもかかわらずお礼状をくれたでしょ? あれには感動してね」

契約を断った営業からお礼状が来るなんて、普通はありません。僕も断ったことは何十回とありますが、その瞬間に誰からも連絡が来なくなりました。

そんなことより新しいお客様を探すことに時間を使うのは、営業として当然です。でも成績よりも12のルールを優先していた僕にとっては、お時間をいただいた人に感謝の手紙を送るのは自然なことでした。

僕は**どんどん「営業っぽく」なくなっていきましたが、**結果的に、お客様の記憶に残る存在になり、その他大勢の営業から抜け出すことができたのです。

もはや他の営業と競争している感覚や、お客様を説得しようという感覚はありませんでした。商品やサービスの説明をしなくても、「福島だから」という理由で選んでくれるお客様がほとんどだったのです。

それまでは、相手に合わせて自分を変化させる御用聞き営業であることをしんどくも感じていました。

ですが、自分が心から「こう在りたい」という姿を実現するためにとった行動によって選んでいただけたことで、そんな苦しさも消え、心も軽くなりました。

## 「信頼」は自分の手でつくりだせる

ここまでにお伝えしたことをまとめると、記憶に残ることで信頼を得たメカニズムは、隣ページの図のようになります。

「記憶に残る」と考えているだけでは意味がありません。「12のルール」のように指針を言語化して、想いを伝えるための行動を起こす必要があります。

また、ここで重要なのが、信頼できる営業として「良い印象を残す」ことです。

たとえ記憶に残れたとしても、「悪い印象」であったら信頼は生まれません。

自分らしさを大事にしつつも、相手への配慮やマナーを忘れてはいけません。

**「記憶に残る」ことで信頼を得られたメカニズム**

1 お客様の「記憶に残りたい」と考えた

2 そのために大事にしたい
「12のルール」を言語化した

3 自分なりの行動がお客様の興味を引き、
記憶に残ることができた

4 「その他大勢の営業」とは異なる存在
として認識され、話を聞いていただけた

5 コミュニケーションするうちに、
信頼関係が芽生えていった

「信用」と「信頼」は異なります。

「どんな会社に勤めているか」「どんな実績があるか」「いくら稼いでいるか」。

社会的な基準によって客観的に評価された〝過去の事実〟を用いて得られるもの。それが「信用」です。

信用があれば、お客様と「会う」ことはできるでしょう。

ですがそこから先、「また会いたい」「長く付き合いたい」「この人に頼みたい」と、未来にわたって頼りたいと思われるためには、「信頼」を得る必要があります。

**客観的事実で信用はつくれても、信頼はつくれません。**

過去の実績ではなく、会って感じた印象や人間性によって初めて信頼が生まれます。**信頼は、あなたの想いと工夫によってつくる必要があるのです。**

ただし、小手先の会話術で信頼を得るのは難しいでしょう。かつての僕も、話の内容や話し方だけに注力した結果、お客様と薄い関係しかつくれませんでした。

**お客様は話の内容でなく、話す「あなた」のことを見ています。**

お客様との向き合い方や、仕事や人生との向き合い方、それらすべてをひっくるめて信頼できる人かどうかを見極めようとしています。

そういったことも含めて、本書では僕の「12のルール」に沿って、相手の記憶に残り、信頼されるために大切なことをお伝えしていきます。

必死になってセールストークを覚えて、お客様を説得する必要はありません。

記憶に残る存在になれたら、**お客様の方から「話を聞かせてほしい」「他の人にも紹介したい」と言ってくれます。**

そして、「あなただから」と選ばれる唯一無二の存在になれます。

営業にかぎらず、どんな世界でもお客様に選ばれ、結果を出せるでしょう。

高卒で、31歳から営業に挑戦した僕でもできたのですから、きっとみなさんはもっとうまくできます。僕の経験が、少しでもそのためのお役に立てば嬉しいです。


では、はじめていきましょう。

あなたが、〝記憶に残る人〟になるための旅路を。

そして、〝なぜか選ばれる人〟になるための旅路を。

# 「記憶に残る人になる」目次



## 第1章

## 顧客より先に「ファン」をつくる
——「関係性」のルール

# 第2章 すべてに対して「意味づけ」をする
## ——「印象」のルール

# 第3章

# 「5秒間」だけ立ち止まる

## ――「気遣い」のルール

# 第4章

# 「傘」を持っていてもささない

## ──「説得力」のルール

第5章

# 素朴な「鏡」へと姿を変える

## ──「提案」のルール

# 第6章

# 「無駄」を追究して効率化を実現する

## ――「効率」のルール

第7章

# 「感謝」の方法を決めない

## ——「感謝」のルール

# 第8章

# 「緊張」できる場面を自らつくる

## ——「挑戦」のルール

第9章

# つねに「Unko」でいる
## ―「強み」のルール

# 第10章 誰よりも自分がいちばんに「感動」する

## ——「持続」のルール

# 第11章

# 「最後尾車両」に乗ってカーブを待つ

## ――「目標」のルール

## 第12章 「人間」になる努力を怠らない
### ——いちばん大切なルール

# まず、
# 「お客様との向き合い方」
# の話をします。

お客様を前にしたとき、どう振る舞うか。

言うまでもなく、あなたの「信頼」を左右します。

これからお伝えするルール1～7は、
お客様とどう向き合うかについてのルールです。

「マナーを守りましょう」

「清潔感のある身だしなみにしましょう」

「お客様の期待に応えましょう」

いまさら、そんな当たり前のことは言いません。

むしろ、そういった「よくいる営業」ではなく、

「他と違うな」と一瞬で感じてもらうためのルールです。

それは、お客様と「どう出会うか」から始まります。

そんな話からしていきましょう。

# 第1章

# 顧客より先に「ファン」をつくる

## ――「関係性」のルール

# 忘れられない「面接官」

リッツ・カールトンに勤めていた、ある日のこと。
最寄りの六本木駅構内で、人材開発部のマネージャーを見かけた。
彼は改札越しに、一人の青年に向かって笑顔で手を振っていた。
ホテルの外で制服姿のスタッフと遭遇したことがなかったため、
驚いた僕は思わず「ご友人ですか？」と、マネージャーに尋ねてみた。
すると、彼はこう言った。

「いいえ、面接に来てくれた方です」

話が盛り上がり、
つい、駅の改札までお見送りしてしまったそうだ。
見送られていた青年のほうを見ると、

彼もまた、満面の笑みだった。

僕もアルバイトや正社員の面接を受けた経験は何度もあったが、普通は見送ってくれるにしても、「エレベーター前まで」だ。駅の改札までなんて、聞いたことがない。

だから、そのマネージャーの姿は今でも強く記憶に残っている。きっとその青年にとっても、マネージャーの姿を含め、「忘れられない面接」になったことだろう。

僕が応募者の立場なら、きっとリッツ・カールトンの大ファンになってしまう。そして自宅に帰る電車の中で、興奮して友人や家族に、こんなLINEを送っていたはずだ。

「ねえ聞いてよ。今日リッツの面接に行ったんだけど、こんなことがあったんだ！」

# サザエさん一家に「高級外車」を売るには？

この本は、営業にかぎらず、仕事で「人」と接するすべての人に向けたものです。目の前にいる相手の記憶に残り、その他大勢とは違う存在として信頼を得る方法をお伝えしていきます。

そのためにこの章では、まずは「ある意識」を持ってもらいたいと考えています。

そこで、みなさんにひとつ質問です。

**「サザエさん一家にランボルギーニを売るには、どうすればいいですか？」**

これは、僕が友人に実際に問われた質問です。

とある有名外資系企業の面接で、こう問われることがあるそうです。

あなたなら、どう考えますか？

マスオさんに「高級外車に乗っているとステータスになりますよ」と提案する？　タラちゃんと仲良くなって、ママに「買ってほしい」と伝えるように吹き込む？　答えはさまざまあると思いますが、多くの人の回答に共通するのは、まずはサザエさん一家で「誰が欲しがるか」を考えることでしょうか。

つまり家族のなかで、**「お客様になってくれる人は誰か？」**を考えるのです。営業として駆け出しの頃の僕も、同様の思考を働かせていたでしょう。

ですがこれが、**営業で苦労する人の思考です。**

ビジネスは「選んでくれるお客様」がいて成り立ちます。だから多くの人は、「お客様」を探すことばかり考えています。とくに営業は契約をもらって売上をつくることが仕事。お客様に出会わないことには何も始まりません。

ですがそもそも「営業」として人と出会った時点で、相手は興味を失います。むしろ、「何か売りつけられるんじゃないか？」と身構えてしまいます。

記憶に残り、信頼されて選ばれる人になるには、**まずは「目の前の相手をお客様と思わない」意識を持つことが大切なのです。**

# 1日100件のテレアポより、一度の「飲み会」

「営業活動をする以上、営業として会うのはしかたないじゃないか」

読者のみなさまから、そんな声が聞こえてきそうです。

もちろん、おっしゃるとおりです。営業を始めた頃の僕も、まさに「営業」としてお客様を探していました。

アメックスで法人営業をしていたとき、僕のターゲットは経営者で、「お客様がカードをどれだけ利用したか」が成績の評価対象でした。

だから「法人カードをたくさん利用してくれる経営者」を探していました。

ただの経営者よりも条件が厳しく、潜在的な見込み客数は少なくなるため、お客様を探すことに毎日必死でした。

お客様を見つける方法は、企業によってさまざまでしょう。

アメックスの場合はひたすらテレアポでした。朝から晩まで、社内の取引先リストや、一般公開されている企業リストにある番号に、かたっぱしから電話をかけるんです。

1日にかけられる電話の数は、どれだけ頑張っても100件ほど。

優秀な人でも、アポイントにつながるのは100件のうち、せいぜい1、2件。

アポイントから契約につながる割合は、さらに減ります。

僕の1ヶ月の契約件数ノルマはおよそ15件でしたから、月の営業日数が20日程度と考えると、1日100件かけてもまだ足りませんでした。

すべての営業がそんな状況ですから、当然ながら、営業同士がバッティングして同じお客様を取り合ったりすることも。挙げ句の果てには「どちらが先に声をかけたか」をめぐって、社内でトラブルになることもしばしば……。

どうすればお客様と出会えるのか、いつも悩んでいました。

そんなときに出会ったのが、本書の冒頭でお伝えした、意気投合して一緒に飲みに行った経営者です。

素のままの自分で、ただ一緒に楽しい時間を過ごしたことで、その人は僕の「ファンになった」と言ってくれました。そして、他のお客様を紹介してくださいました。

この出来事によって、確信しました。

**「営業としてお客様を探すよりも、いち個人として出会った人にお客様になってもらうほうが確実だ」と。**

## 「見込み客」を探すよりも、意味のあること

誰しも、効率的に自分の「見込み客」とつながりたいと考えます。

そりゃそうですよね。自分が売りたい商品やサービスを買ってくれる層とピンポイントでつながれたら、これほど効率的でラクなことはありません。

「私は医療コンサルの営業なので、医療関係者としかつながりたくありません」

「大企業向けの営業なので、小さな事業主が集まる食事会はちょっと……」

僕自身、人を紹介しようとしたとき、こんな言葉を何度も聞いてきました。

でも、**みんなが狙っている「見込み客」は競合だらけのレッドオーシャンです。**

お客様側からすれば、誰と話を進めるか選び放題という状態です。

この赤い海を泳ぎきり、お客様から「あなた！」と指名されるのは、その道で誰よりも長けた知識や人脈、実績を持っている実力者のみです。

もちろん、その海で戦うことも一つの選択なので否定するつもりはありません。

ただ、少し横を見てみると、**「見込み客」ではない人たち**というブルーオーシャンが広がっています。

たとえば僕は、偶然乗ったタクシーの運転手からお客様をご紹介いただいたことがあります。10分ほどの道のりでしたが、話しているうちに意気投合し、「明日、ここに電話してごらん。話は通しておくから」と、親戚の会社経営者の電話番号を書いたメモをもらいました。

飲み会で仲良くなった人が仕事で何かの商品やサービスを扱っていたら、自然と気になりますよね。購入や契約を検討したり、知人を紹介してあげたりと、何か力になってあげたくなります。

道端で知らない人に「このダイエット商品がおすすめなんです」と言われたら一目散に逃げますが、友達に勧められたダイエット商品には興味が持てます。

商品やサービスの内容はもちろん大事ですが、そもそも、**それを勧めてくる相手との関係性が良くないと、検討しようとも思えないのです。**

だから僕は、営業としてひたすら「お客様」を探すより、1人でも多くの人と良い関係性をつくることのほうが大切だと考えました。

そこで、テレアポをやめました。考えてみると、突然かかってきた営業電話がきっかけで商品を買ったりサービスを導入したりしたことって、僕はほぼありません。

発信元がわからない着信は無視して、後でネットで番号を調べ、営業電話だとわかると「出なくてよかった」とホッとするくらいです。

だから、わかっていたんです。僕は**テレアポを続けていても成果は出せないと。**

テレアポをやめよう。営業活動をやめよう。

ここでお伝えしたいのは、そういうことではありません。

お客様だから、お客様じゃないからとかで判断するのではなく、すべての相手と「人と人」として向き合うことが大切です。

**「買ってくれるお客様を探す」のではなく、「出会った人をファンに変える」**。

この意識を持ったことで、僕のお客様はみるみる増えていきました。

## 「売るための言葉」は、誰の耳にも届かない

「売る人と、買う人」ではなく、「人と人」として向き合いましょう。

なぜなら**「売るための言葉」なんて、誰も聞いてくれないからです。**

それを実感した、あるエピソードをご紹介します。

営業4年目のとき、僕はあるグローバル企業のイベントに参加しました。

家具の販売等で世界中に大型店舗をもつ有名企業で、その企業の法人会員やお得

意様、約２００人が集まり交流する会でした。アメックスともパートナー契約を結んでいたことから、僕を含む10人ほどが招待されました。

上司からは、１人でも多くの人と名刺交換をして、法人カード契約のためのアポイントを得るというミッションを与えられていました。

会の前半、参加企業10社に、３分ずつスピーチする時間が与えられていました。アメックスの代表は僕で、順番は最後の10番目です。

各社、自社と商品を売り込もうと熱弁していました。

ですが会場を見渡すと、お酒が提供されていたこともあり、参加者は酔って互いの話に夢中。企業のスピーチなんて誰も聞いていませんでした……。

気持ちはわかります。せっかく盛り上がっているのに「弊社ではこんな商品を扱っておりまして～」なんてセールストーク、正直、聞きたくないですよね。

そんな状況で順番が近づいてきて、いよいよマイクが手渡されました。

会社から「これを話せ」と言われていた内容がありましたが、僕はそれを却下して、ステージに立ち開口一番、こう言いました。

**「みなさん、こんばんは！　アメックスの福島と言います。聞いてください。僕たちは今日、営業しに来たわけじゃないんです！」**

さっきまで会話に夢中だった参加者が、いっせいにこちらを向いてくれました。

僕は続けて言いました。

「僕たちは経営者を相手に仕事をしています。でも、僕たちはいち会社員です。だから今日は、もっと経営者を理解したいと思ってここに来ました。いろいろと学ばせてください！」

自分の会社について話したのは「会社名」と「仕事内容」の10秒くらい。

会社の代表として参加している立場としては失格でしょう。

でも、すごく不思議なことが起こりました。

スピーチを終えると、会場から大きな拍手をいただいたんです。そして多くの人が「名刺交換いいですか？」と、僕たちのところに来てくれました。

ひとりの経営者に「なぜ、来てくれたんですか？」とうかがうと、笑顔で一言。

「お話に感動したからです。だって、全然営業っぽくないんですから」

会場の経営者たちを「見込み客」として見ていたら、こうはならなかったと思います。「アメリカン・エキスプレスというカードを扱っていまして、強みは100円で1ポイントの高還元率でポイントが貯まることで〜」なんて話したところで、誰も興味を持ちません。

驚きも新奇性もないスピーチでは聴衆の関心は奪えませんし、「売るために来ている」とわかった瞬間、経営者たちは興味を失っていたでしょう。

見込み客を見つける。名刺交換をして営業リストを作る。出資者を探す。商品を知ってもらう。交流会やイベントの参加者には目的があります。

すべてに共通するのは**「自分の利益のため」**であるということ。

これを自ら否定したことで「この人は普通の営業じゃないな」と、人として関心を持ってもらえたのだと思います。

## 「仕事の話」をいっさいしなくても僕が契約をいただける理由

営業はみんな「自社にとって良いこと」しか言いません。

だから話を聞きたいなんて思わないし、名刺交換もしたくありません。

でも、興味がある人の話なら、つい聞きたくなってしまいますよね。

だから、**まずは人として興味を持ってもらうことが大切です。**

仕事や商品の話は、その後ですればいいんです。


テレアポをやめた僕は、代わりに交流会などによく参加するようになりましたが、そこでも商品やサービスの話はほとんどしませんでした。

紹介していただいた人と会ったときも、基本的には雑談するだけです。

自分の仕事の内容は伝えますが、営業活動はしません。その場は楽しく話して終わりにします。後から電話でアプローチすることもありません。

ですが不思議と、先方から連絡が来るんです。

「先日はありがとうございました。カードのお仕事をされていると聞きましたが、よければ相談にのっていただけませんか？」と。

「この人はお客様になってくれそうか」「どうすれば買う気にさせられるか」

そんなふうに**目の前の相手を品定めしてはいけません。**

考えるべきは、「どうすれば楽しい時間を一緒に過ごせるか」です。

それに、ガツガツ売り込む人だなんて思われたら、誰も大事な知り合いを紹介してくれません。紹介することで、その人との関係が壊れてしまうからです。

前のめりに仕事の話をしないからこそ、紹介者も「いったん会ってみて！」と、知人に勧めやすくなります。

ほとんどの営業は、商品やサービスに興味を持ってくれた見込み客とだけ、信頼関係を構築しようとします。ですが真実は逆です。

**信頼関係を築こうとするから、「他と違うぞ」と興味を持ってもらえるんです。**

## あなたは「売らない」という選択ができますか？

「サザエさん一家にランボルギーニを売るには、どうすればいいですか？」

この章の冒頭で紹介した問いかけですが、僕の回答をお伝えしていませんでした。

友人から問われたとき、僕はこう答えました。

**「サザエさん一家に、ランボルギーニは売りません」**

どう考えても、サザエさん一家に高級外車が必要とは思えなかったのです。

ローンや維持費だけでかなりの金額ですから、家計を圧迫することは明らかです。

「そんな回答、あり？」と思うかもしれませんが、**必要としていない人に必要とは思えないものを売るための努力ほど、無駄なことはありません。**

サザエさん一家を説得する暇があるなら、交流会に行って、高級外車を求めるような富裕層と出会うほうが効率もいいでしょう。


人と良い関係を築く。そのための大前提は、**「売ることを目的にしない」です。**

相手のためになること、ならないこと。

それを正直に伝えることでお客様は「ファン」になってくれます。

ときには、「売らない」という選択も必要なのです。


とはいえお客様に対して、つねに正直でいることは簡単ではありません。

営業は自社の商品やサービスを売るために、競合他社の知識も頭に入れます。

そして多くの場合、自社商品が負けている点には触れず、「この機能はうちにしかない」と、**都合の良いところだけ比較してお客様にお伝えしてしまいます。**

営業を始めた頃の僕もそうでした。お客様の要望を聞いていて、「お客様に合うのはD社の商品だな」と思ったとしても、契約のためにと、自社のメリットを強調して契約を得ていました。

でも、その契約書を持って会社に戻る道中、罪悪感でいっぱいでした。

そんな思いを抱いていたときに、リッツ・カールトンでの、ある経験を思い出しました。ある日の夕方、外国人男性がコンシェルジュ・デスクを訪ねてきて、おすすめのレストランを聞いていたときのことです。

リッツ・カールトンにはフレンチ、アメリカン・グリル、和食など、さまざまなレストランが入っています。横で話を聞きながら「コンシェルジュはどのお店を紹介するのかな？」と考えていると、耳を疑う言葉を聞きました。

**コンシェルジュが勧めたのは、なんと競合するホテルのレストランでした。**

「え？　いいのそれ？」

モヤモヤした僕は、お客様対応を終えたコンシェルジュに尋ねました。

「どうして競合ホテルのレストランなんて勧めたんですか？」

すると、少し考えた後で、彼はこう答えました。

「少し悩みましたが、その方がお客様にとってベストだと思ったんです」

翌日、そのお客様はまたコンシェルジュ・デスクを訪れ、仲良さげに話し込んでいました。来日の際には必ずリッツ・カールトンに宿泊するのだとか。

他のホテルやレストランを勧められながらも、より、リッツ・カールトンのファンになっていたのです。

この経験を思い出した営業時代の僕は、ある行動に出ました。

商談をしていて、またしても同じような状況に遭遇したときのことです。

お話を聞くかぎり、そのお客様にはS社の商品が絶対に合うと感じました。

「1件くらい、成約がなくなってもいいや」

そう腹を括って、お客様に正直に伝えました。

「僕はアメックスの人間ですし、当社の商品に興味を持っていただいたのに大変恐縮な提案ですが、田中様にはS社の商品が合うと思うんです」

S社のホームページを見せながら商品を説明し、コールセンターに電話して詳しい話も聞いてみました。

するとお客様も、「たしかに、私にはS社の商品が合っているみたいですね」と。

正しいことをしたと、清々しい気分ではありましたが、契約を逃したショックは隠し切れませんでした。でも次の瞬間、お客様はこう言いました。

「でもやっぱり、福島さんと契約します」

どういうことか理解できず、思わず聞き返してしまいました。

「え？　だってS社の商品がピッタリのはずですよね？」

すると、お客様は少しだけ考えてから、こう言いました。

「たしかにそうです。でも福島さんは、自分の契約にしようと思えばできたのに、私のためにS社を勧めてくれましたよね。だから、信頼できる人だと思ったんです」

お客様はいつも見ているのだと、実感しました。

提案の内容ではなく、**提案している人自身のことを。**

## 友人や家族にも、決断を迫りますか？

「競合他社を勧めろ」ということではありません。大切なのは、**お客様にとって「本当に良いと思うこと」を正直にお伝えすることです。**

相手を「商品を売り込む相手」ではなく「ひとりの人」として見て、正直に接する。

そうすることで信頼してくれる人が少しずつ増え、結果が出始めました。

そこで、テレアポの他にもうひとつ、やめたことがあります。

営業活動のなかでもっとも疑問を感じていた行為、**「クロージング」です。**

「プランAとBのどちらがいいですか？」と、契約ありきの選択を迫る。

「今、決めていただけたら特典をつけます」と、断りづらい状況をつくる。

1件でも成約を上げたい一心から、さまざまな手法を実践しました。

たしかに成約率は少しだけ上がりました。でも、説得して契約にこぎつけたお客様から、別のお客様を紹介してもらえたことはありませんでした。

それに、なんだか心はモヤモヤしていました。

もし相手が友人や家族だとしたら、僕はクロージングをするのだろうか？

その人にとって本当に良いと思える提案であれば悩みはしなかったでしょう。

でも実際は、そうとは言い切れませんでした。だから、答えは明白でした。

**本人が必要だと感じていないものを、説得して買わせるなんてことはしたくない。**

そんな当たり前のことに気づいた僕は、クロージングをやめました。

大切なのは「お客様を見つける」ことではなく、「ファンをつくる」こと。

リッツ・カールトンのスタッフたちも、この意識を大切にしていました。「お金を払ってくれるお客様」ではなく、ひとりの「人」として向き合っていたんです。

当時、面接に来た青年を駅まで送るマネージャーを見かけたことがあります。

純粋に「もっと話したい」と思ったから、駅まで見送ったそうです。損得勘定で考えていたら、そんな面倒なことはしていなかったでしょう。

「人」として向き合うことで、相手は**「この人は仕事のためではなく、自分のためにやってくれているんだ」**と感じます。

そして相手も、こちらを「人」として信頼してくれます。

一方で、売るために人の前に立った瞬間、相手にとって自分は警戒すべき存在になります。「騙されないぞ」と、心を鉄壁の守りで固めてしまいます。

だからまずは、相手を「お客様」だと思うのをやめましょう。**「売る人」と「買ってもらう人」という意識を捨てることが、信頼を得るための第一歩なんです。**

# RULE 01

# 顧客より先に「ファン」をつくる

その他大勢と顧客を取り合っても
勝ち残れるのは猛者だけ。
見込み客とだけ信頼関係をつくるのではなく、
出会ったすべての人を大切にするから、
ファンになり、お客様になってもらえる。

# 第 2 章

# すべてに対して「意味づけ」をする

## ――「印象」のルール

# 忘れられない「サーモンのお寿司」

上京して間もなかった約20年前、
アルバイト先の先輩に寿司屋に連れていってもらったことがある。
まだ20歳そこそこの僕には敷居の高い経験だった。
何から頼めばいいかわからず、
自分でも知っている「サーモン」を見つけて安心したのを覚えている。
でも箸で掴んだサーモンを醤油皿に運ぼうとした瞬間、
「ちょっと待って!」と、大将に止められてしまった。

「え？　何か粗相をしてしまったかな？」
内心ドキドキの僕に、大将は「これで食べてみて!」と、
ポン酢を差し出した。
「寿司にポン酢？　いや、絶対に合わないでしょ……」

そう思いながら、僕は言われたとおりにポン酢をつけて食べてみた。

……絶品だった。

サーモンの脂に、ポン酢の酸っぱさと爽やかさが見事に合っていた。
感動した僕は、その後、サーモンばかり頼んでしまった。
サーモンにポン酢をつけたら美味しかった。
ただそれだけのことだけど、
今までに食べたどんな寿司よりも記憶に残っている。

それから数年後、東京都心にできた回転寿司のチェーン店に行き、
僕はふたたび驚いた。
醤油やガリにならんで、
当たり前のように「ポン酢」が置かれていたからだ。
あの寿司屋の大将は、大手チェーン店が辿り着いた結論を、
その何年も前から先駆けて実践していたのだ。

# 「丁寧なだけ」の人は、記憶に残らない

すべての人と、「人と人」としての関係をつくる。

「売り込まれたくない」という理由で拒絶されるのを避ける、いわば第一関門を突破するための意識です。

ですが仕事につなげるには、それだけでは足りません。

**「もっと話を聞きたい」「もう一度会いたい」と思ってもらえなくてはいけません。**

つまり「会う価値のある人間」として興味を持たれなくてはいけませんが、それもまた簡単なことではありません。

だって、営業に対して「会いたい」なんて、普通は思わないですよね。

交流会に参加し始めた僕も、その悩みにぶち当たりました。

その場で知り合うだけで、成果にはつながらない。

はじめのうちは、そんな日々が続いたのです。

とりわけ、カードの営業にとって「会ってもらう」ことのハードルは高いのです。保険なら営業が会って説明や手続きをする必要のあるものが多いですが、カードの契約はネットでできるからです。

実際は、ネットでは得られない限度額の上げ方や、カードの意外な使い所などをお伝えできるため、お客様にとっても営業と会うメリットはあります。

でも、契約するだけならカード会社の営業って、会わなくてもいい存在なんです。

だから、わざわざ会ってまた話を聞きたくなる「印象」を残さなくてはいけませんでした。

一方で、営業の身だしなみや振る舞いは「マナー」で厳密に規定されています。

清潔感のある髪型で、体形に合ったスーツ、ちゃんと磨かれた革靴。

会ったらすぐに挨拶をし、名刺交換ではお客様の名刺から先にいただく。

お礼メールは、その日中か、遅くとも翌日の午前中までには出す。

相手に不快感を与えないためには必要なことであり、こういったマナーを無視することはできません。

しかし、これらのマナーは「できていないと悪印象」ですが、たとえできていても特段の印象は残りません。

丁寧なだけの人は、いくらでもいます。

**それだけでは相手の記憶に残らず、「また会いたい」とは思ってもらえません。**

## マナーを守ることが、「失礼」になるとき

記憶に残らないどころか、マナーに縛られて失敗することもあります。

31歳から営業を始めた僕は、先輩から教わったさまざまな営業マナーを「そうあるべき」として順守していました。

たとえば、商談場所には必ずお客様よりも先に着くというマナー。

時間をつくってくれたお客様を待たせるなんて失礼ですから、当然です。だから商談場所がカフェなどの場合は、30分前には到着して席を取るようにしていました。これが営業としての当たり前だと信じていました。

ですが営業2年目で、ある敏腕経営者に食事会に誘われて参加したときのこと。叩き込まれた「営業のマナー」が裏目に出たんです。

相手は自分より10歳以上年上で、しかも成功している経営者。失礼だけはあってはダメだと思い、会が始まる15分前に会場の飲食店に到着しました。

5分後、主催者であるお客様が姿を現し、参加者も続々とやってきました。みなさんと積極的に名刺交換をして、丁寧な自己紹介をした僕は、「完璧だ」と自己満足していました。

すると、会の後で主催の経営者が近づいてきて、こう言いました。

「福島くん、別にクレームじゃないんだけど、教えておいてあげるね」

僕を気遣った前置きをしたうえで、彼はこう続けました。

「まず、主催者よりも先に到着しないほうがいいよ。主催者が会場に到着したときに先にお客様がいたら、待たせちゃったなと気を遣わせちゃうでしょ。だから早く着きすぎるのはよくないよ」

また、付け加えてもうひとつ。

「最初に名刺交換を頑張っちゃうと、食事会が一気にビジネス交流会みたいになっちゃうでしょ」

会ったらまずは名刺交換をするのが大切なマナーだと思っていたため、大きなショックを受けました。

お客様を待たせない。自分から真っ先に名刺交換を申し出る。

営業としては一般的な、正しいマナーだったと思います。

でも、**時と場所が変われば、それは非常識になってしまうんです。**

よく考えれば防げたことかもしれません。

でも、僕は何も考えていなかったんです。

ただ単に、早く着けばいい、名刺交換をすればいい、そう思っていただけでした。

マナーを守るのはいいことです。でも、**マナーを守ることが「目的」になってはいけません。**

「こうしなければならない」と形骸化したマナーはいくつも存在します。

当たり前のようにおこなっているそのマナーには、どんな意味があるのか、本当に相手のためになっているのか、考えたことはあるでしょうか。

僕のように、何も考えず、機械的におこなっている人も多いと思います。

そうやってマナーに縛られることは、相手の記憶に残れないばかりか、**考えもなく行動して怒られるリスクを抱えた状態なのです。**

## お客様に見せる最後の姿が「頭頂部」でいいのだろうか？

記憶に残るには「印象」を残す必要があります。

その印象が強いほど、出来事や人物が記憶に定着します。

そのためには、ときには**マナーを破ることも必要です。**

むしろ、みんなが無意識にやっている当たり前の行為から抜け出すことで、強い印象を残せます。


特別なことは必要ありません。ポイントは「ちょっとだけ変えてみる」ことです。

たとえば僕は、「見送りでの挨拶」が気になりました。

お客様の会社で商談した際、終わって席を立つと、たいてい先方はエレベーターまで見送ってくれます。そして「ありがとうございました」と、エレベーターの扉が閉まるまでお互いに頭を下げ続けるのがマナーと言われます。

会社の出入り口でも、お客様の姿が見えなくなるまでお辞儀を続ける人は少なくありません。営業ではない人でも日常的に見かける光景ではないでしょうか。

でも、自分でやりながら、ちょっと疑問に思っていたんです。

**「お客様に最後に見せるものが、頭頂部でいいんだろうか？」**と。

そんな時期に、お客様との会食で、ある和食屋を訪れました。

雰囲気も接客も素敵な店で、みんな大満足。そろそろ帰ろうかと、お会計を済ませてエレベーターまで案内いただきました。「ごちそうさまでした」と伝えてエレベーターに乗り込み、店員さんが深々とお辞儀。ここまでは普通です。

でも、この先がちょっと違っていました。扉が閉まる1秒前、**店員さんはスッと顔を上げて、「ニコッ」と満面の笑みで僕たちを見つめたんです。**

今までに経験したことのない、このうえなく後味の良いお見送りでした。

「最後はやっぱり笑顔を見せたい！」

僕の違和感は解消されました。それ以降、**お見送りの際は、お辞儀をした後にスッと顔を上げて笑顔でお客様を見送るようにしています。**

相手も頭を下げているので視線が合わないことは多いですが、10人に1人くらいは目が合って「ニコッ」とし合えます。そんなお客様は、次に会ったとき「福島さんって最後に目を合わせてくれますよね！」と、少し喜んでくれるんです。

コミュニケーションで、もっとも印象に残るのは「別れ際」だと言われます。

もちろん商談の内容も重要ですが、**人の印象は最後のお見送りで決まってしまう**と言っても過言ではないため、わずかな違いが結果を左右するのです。

# 僕がお辞儀を「4秒」にした理由

もうひとつ、僕が目をつけた「当たり前」があります。

日常で何度もするお辞儀。これを意識的にやっている人は少ないと思ったのです。

お辞儀に厳密なマナーはありませんが、同僚の営業や、街中の商談風景を観察してみたところ、**どの人も頭を下げてから上げるまでの時間が2秒だと気づきました。**

一方で、営業本を読むと「しばらくのあいだ頭を下げ続ける」というテクニックもよく書かれています。

実際、非常に長くお辞儀をする方ともお会いしたことがあります。

誠意は伝わるのですが、お辞儀をされているほうも気を遣って再度お辞儀をすることになります。そんなお辞儀合戦に相手を巻き込むのは嫌でした。

そこで僕は、**当たり前よりちょっと長い「4秒」でお辞儀するようにしました。**

お辞儀を終えた相手が顔を上げると、そこにはほんの数秒、お辞儀をしたままの僕の姿が映ります。そして、スッと顔を上げてニッコリ微笑むんです。

そう変えてみたところ、たったこれだけの工夫で「福島さんはとても丁寧ですね」と言ってもらえることが増えました。

「出会ったらすぐに名刺交換」というマナーも、機械的におこなうことはなくなりました。

飲食店での商談も多かったのですが、カフェの入り口でお客様と対面しても、すぐには名刺を取り出しません。まずは席までご案内して、お会いできた感謝を伝えます。紹介されたお客様であれば「○○様から伺っていたとおり、とてもオシャレな方ですね！」と和ませながら、相手の出方を探ります。

「そうですね」と端的に答える方であれば、すぐに名刺を渡して本題に入ります。一方で「いや〜恐縮です。○○さんは僕の大学時代の先輩で〜」など話が続くようなら、まだ名刺は交換しません。

その後、2、3分談笑した後に「あ、失礼しました。名刺交換を失念しておりました」と切り出すようにしました。

多くの人は、勤めている会社の看板と商品を背負っていることに安堵します。

だから、最初に看板（名刺）を出したくなります。

でも、それで結ばれるのは「お客様と○○社」という関係性です。

僕は出会ってから名刺を交換するまでに、**一度でも相手を笑顔にできるかが商談の結果を決めると考えています。**

名刺交換は最初におこなうものというマナーにとらわれず、相手との良い雰囲気づくりに徹して、まずは「お客様と自分」という関係をつくることが大切なのです。

## 「当たり前」を変えるからこそ、大きな印象を残せる

というように、当たり前のことを少し変えてやってみるようにしました。

「そんな小さなことで」と思われたかもしれませんが、**小さな「当たり前」を変えるからこそ、大きな効果があります。**

それに気づいたのは、リッツ・カールトンで働いていた頃でした。

当時も「お客様の記憶に残るためにはどうすればいいか」と考えていた僕は、周りの従業員を見て、ひとつの当たり前に気づきました。

それは「ビールの注ぎ方」です。通常、瓶ビールを注ぐときはお客様の前にグラスを置き、瓶を手に持って静かに注ぎ入れます。勢いよく注ぐとビールが泡立つため、どの同僚も、ゆっくり少しずつ時間をかけて注いでいました。その間、お客様も注がれるのを黙って眺めているだけです。

「これだ！」と思いました。

この沈黙の時間を、楽しいものに変えられないだろうか。

そう考えた僕は、ビールの注ぎ方を少しアレンジしてみました。

グラスはテーブルに置かず左手に持ち、自分の顔の高さで注いでみると美しいんじゃないか。あえて高い所から注ぐと絵になるんじゃないか。ローテーブルに座っているお客様だと見づらいから、そのときは片膝をついて目線を合わせて注ごう。瓶ビールの抜栓と、グラスに注ぐ所作を、誰よりも美しく見えるように猛特訓したのです。

翌日のお昼にさっそく試してみると「わー！　すごい！」と、お客様は大盛り上がり。写真を撮られ、一口飲んだ後に「こんな美味しいビールは初めて！」と絶賛していただけました。

それを見ていた他のお客様も瓶ビールを注文するほどの盛況ぶりでした。

すごく嬉しい出来事でしたが、さらに驚いたのは、その翌週。

**なんと同じお客様が「福島さんがいるなら予約したい」と、僕を指名して予約してくれたんです。**「瓶ビール４つ」と、事前のオーダーまでありました。

喜んでくれた理由をお客様に聞くと、こう言われました。

「瓶ビールの注ぎ方にこだわっている人なんて、初めてだったからよ！」

中身はどこにでもある、ただのビールです。

**でも魅せ方をちょっと変えただけで、お客様は何倍にも価値を感じてくれました。**

「当たり前」の行為を変えることで、お客様の記憶に強く残ります。

むしろ**「当たり前」だからこそ他の人と比較できて、違いが伝わります。**

誰もが知っている「ビール」の注ぎ方を変えたから、特別な体験になったのです。

それに、当たり前に対する期待は低いからこそ、期待を超える驚きを与えるのも難しくありません。

いきなり「記憶に残る特別なことをしよう」なんて考える必要はありません。

まずは、みんながやっている当たり前を見つけることから始めてみましょう。

## その行動には、どんな「意味」があるのか？

ここまで、いくつかの例をお伝えしましたが、その本質は「マナーを破れ」「人と違うことをしろ」ということではありません。

**大切なのは「自分なりの意味」を大事にすることです。**

あらゆる行動やモノには「意味」があります。

新しい家電や家具、仕事で使うボールペンなどを買ったとき、「このデザインはきっと部屋に合う」「お客様も使いやすいはず」と、意味があって選んだはずです。

ですが多くの意味は、しだいに忘れられてしまいます。

リッツ・カールトンの創業者ホルスト・シュルツは、意味を大切にしていました。

レストランで使用しているテーブルやグラスなどに対して、つねに「どうして、これを使っているんだ？」と従業員に質問していたそうです。

こだわり抜いて選んだグラスだって、1年も経てばその理由を忘れてしまいます。

意味なんて忘れて、なんとなく使っているだけになってしまいます。

**意味を失ったものは、同時に価値も失ってしまいます。**

「素敵な食器ですね。なぜこれを選んだんですか？」と聞いて、「いや、なんとなくです」と言われたら、がっかりしますよね。

シュルツは忘れられた「意味」をもう一度考え、意味づけしなおすために、あえて問いかけているのです。

ホテルを意味のある空間にしたかった。意味のある仕事にしたかった。彼はそんな志を持っていたのでしょう。

今では無意識にやっている当たり前にも、最初はきっと意味があったはずです。多くの人に広がっていくうちに失われてしまった「大切な意味」が。

みんなが意味を忘れ、形式的にやっていることがあれば、その意味をもう一度、自分なりに考えてみましょう。

お見送りは感謝の気持ちを伝えるため。

お辞儀は誠意を伝えるため。

**本来の意味を見つけた瞬間に、「今の当たり前ではダメだ」という気持ちが芽生え、おのずと、あなただけの「意味のあるしぐさや振る舞い」が生まれます。**

それが、あなただけの印象を残してくれるのです。

# 僕のかばんに「鍵」がついている理由

行動だけでなく、持ち物にも意味は必要です。

新人営業の頃、僕はとくに理由もなくモンブラン社のシンプルな名刺入れを使っていました。すると50代くらいのお客様から、こんなことを言われました。

「モンブランのシンプルな名刺入れですね！　とても信頼感が伝わります」

そうか、営業は愛用する小物でも値踏みされてしまうのか。

驚くとともに、逆に自分を表現できるツールにもなると気づきました。

それ以来、**僕はほぼすべての持ち物に「自分なりの意味」を持たせています。**

たとえば、今使っている名刺入れはトカゲの革からつくられています。

トカゲのしっぽは切れてもまた生えてきます。名刺交換をした人と「**切っても切れないご縁になりますように**」という意味を込めて、この素材を選びました。

名刺入れについて質問してくれるのは30人に1人くらいですが、質問を受けた際にそう答えると、「そこまで考えてるんですね……」と驚いていただけます。

僕が使っているかばんは、大きな鍵つきのダレスバッグです。

アメリカの政治家ジョン・フォスター・ダレスが来日した際に使用していたことで話題になり、日本独自の呼び方として世に広まりました。「ドクターズ・バッグ」とも呼ばれ、往診にくる医者が持っている大きなかばんとしても有名です。

営業として経験も人脈もなかった頃は、大きなかばんが目を引き、「大きいバッグを持った人」という紹介のされ方をしたことも多々あります。

単純に目立つかばんですが、ここにも意味が込められています。

まず、メインは牛革ですが、細部にはクロコダイル革が使用されています。

クロコダイルは噛んだら離しません。**ビジネスのチャンスを「掴んだら離さない」**という意味を込めるために、この素材が使われているものを選びました。

そして「とてもクラシカルなかばんですね！」「鍵もついているんですね！」など、お客様に驚かれたとき、僕はいつもこう答えています。

「流行に左右されない、そんな息が長い営業でありたいと思いまして」

「大事な契約書をお預かりするので、鍵がないと不安なんです」

そうお伝えすると、「そんな想いがあるなんて！」と、さらに驚かれます。

他にも、以前は「ウォーターマン」というブランドのペンを使っていました。

書き心地がよく、値段もお手ごろだったからですが、調べると、じつはウォーターマンの創業者は営業だったとわかりました。

「契約時にインクが滲まないペンをつくりたい！」と、思い立ったそうです。

その事実を知ってから、僕はお客様にこう伝えていました。

「このペンは、〝インクは滲むもの〟という当たり前に疑問を持った人がつくったペンです。僕もそんな営業でありたいと思って使っています」

ここまでの話を聞いて、「そんなの後づけじゃないか！」と思ったでしょうか。

はい、そのとおりです。

意味は最初からなくてもかまいません。**後づけでいいんです。**

「嘘でいい」ということではありません。

後から気づいたことでもいいから、**「なぜ？」と聞かれたときに「なぜなら」と答えられる意味を持っておくことが大切**です。

さあ、まずは目の前にある物から、さっそく自分なりの意味をつけてみましょう。

## 自分に興味を持ってもらう「落とし穴」をつくる

なぜ、行動やモノに意味を込めることが重要なのでしょう。

**それは意味を通して、自分という存在に興味を持ってもらえるから**です。

先述したように、商品やサービスを説明する前に、まずは「人」として興味を持ってもらう必要があります。

でも、「誠実であることを心がけています！」「僕は以前リッツ・カールトンで働いていたんです！」なんて聞いてもいないのに話し始めたら、うざいですよね。

人は自分が関心のあることだけを聞きたいと思うもの。興味のないことを説明されても、鬱陶しく感じるだけです。

そこで、行動やモノに自分なりの意味を込めて表現するのです。

そうすることで、**相手はつい「なぜ？」と質問してしまいます。**

「なぜ、鍵のついたかばんを持っているんですか？」

「なぜなら、大事な契約書をお預かりするからです」

これなら押し付けがましくないですし、「誠実であることを心がけています！」と言われるよりも、よっぽど「誠実そうな人だ」と感じるのではないでしょうか。

そして意外な意味を知ったお客様は、誰かに話したくなります。

「聞いてよ。こんな大きなかばんを持ってる面白い営業がいてさ～」

こうして口コミが生まれ、紹介にもつながっていきます。

人と違った行動や持ち物を見たお客様は、その理由が気になってしまいます。

ちょっと過激に表現するなら、**お客様があなたに興味を持つ「落とし穴」になるんです。**

そこに込められた意味に共感したときに、お客様はファンになってくれます。

僕の人生でいちばん記憶に残っているお寿司は、一貫で何千円もするような高級寿司ではありません。ポン酢で食べたサーモンです。

その寿司屋の大将は、ただ「他の店とは違うことがやりたかった」わけではないでしょう。きっと大将は、こう考えていただけだと思います。

「なんで寿司には醤油なんだろう？」「他に合うものはないのかな？」と。

記憶に残る人とは、ただ型を破っているだけのアウトローではありません。

当たり前のことに疑問を持ち、自分の頭で意味を考えた結果、「こっちのほうがいいじゃん」と、**結果的に型を破ってしまった人たち**のことなんです。

## 自分の「色」を持つことを恐れてはいけない

「ビール注ぎをパフォーマンスにするなんて、やり過ぎじゃないですか？」

「鬱陶（うっとう）しがるお客様もいるんじゃないですか？」

「高そうなかばんや名刺入れは、相手の鼻につくんじゃないですか？」

ここまでの話を講演でお伝えすると、こんな意見をいただきます。

たしかにお客様のなかには、やり過ぎだと感じる人もいるでしょう。

でも、それでいいと思うんです。

お客様が１００人いれば、全員に好かれるなんてことは不可能です。サーモンは醤油で食べたいという人も当然います。

色でたとえるなら、赤が好きな人もいれば、嫌いな人もいます。

白なら多くの人が「可もなく不可もなく」という評価をするでしょう。

ですがそれでは記憶に残ることはできません。驚きもなく、感情が動かないからです。

当たり前を見つけて、その意味を考えて、自分なりの方法でやってみる。

当たり前ではないことですから、「色」は濃くなって当然です。

もしかしたら揶揄してくる人も出てくるかもしれません。

僕が営業2年目で初めて表彰台に上がったとき、祝福してくれる人がいる一方で、「アイツはキャラが濃いだけで、すぐ終わる」と言う同僚もいました。

でも落ち込む僕に、友人がこんなアドバイスをくれました。

「お前はたしかに濃い。薄ければ誰の機嫌も損ねない。でもファンは生まれない」

他の人と同じ、無色透明な存在に「また会いたい」なんて思う人はいません。

だから、**人として「自分の色」を持つことを恐れてはいけません。**

それが、自分に興味を持つきっかけになり、記憶に残って「面白い人だから、また会ってみたい」と感じさせるのです。

まずは小さいことからでもいいので、人と異なる勇気を出してみましょう。

僕は飲み会で「最初は生でいいか？」と聞かれたときに、勇気を出して「ジントニックで！」と言うことから始めました。

そんな小さな変化も、その他大勢から抜け出す第一歩になるんです。

# RULE 02

# すべてに対して「意味づけ」をする

多くの人がやっている「当たり前」を見つけ、
そこに自分なりの「意味づけ」をすることで、
人とは違う行動が生まれる。
意味の込められた行動が、
自分に興味を持ってもらうきっかけになる。

# 第 3 章

# 「5秒間」だけ立ち止まる

## ——「気遣い」のルール

## 振り返らない「ホスピタリティの達人」

僕には、心から尊敬している人がいる。
そのひとりが、リッツ・カールトンの元日本支社長である高野登さん。
同社のホスピタリティを日本でも実践し、ホテル界の常識を変えた人だ。
そんな高野さんとの会食で、僕の常識が覆ったことがある。

会計も終わり、お店を出て別れの挨拶をしているときのこと。
「また会いましょう！」と熱い握手を交わすと、
高野さんは「僕はこっちだから」と、背中を見せて歩き出した。
僕は「高野さんのことだから、きっと振り向くはずだ」と思い、
その場でずっと見送っていた。
しかし10秒、20秒、30秒、どれだけ経っても高野さんは振り向かず、
そのまま姿が見えなくなってしまった。

別れ際、サッパリと別れる人もいれば、
相手の姿が見えなくなるまでお見送りする人もいる。
僕も、相手が振り向いたときに寂しい思いをさせたくなくて、
いつも姿が見えなくなるまで待っている。
だから僕は、高野さんが振り向いてくれなかったことに落ち込んだ。
でも次の瞬間、隣にいた友人の言葉を聞いてハッとした。
「あれが高野さんの気遣いだよ」
もし高野さんが「またね！」と振り返ったとしたら、
次に会ったときも、僕は高野さんの姿が見えなくなるまで待つだろう。
きっと高野さんは、相手をいつまでも待たせたくないと考えていたのだ。
あえて振り返らないことで、僕たちを気遣ってくれていたのだ。
以後は、高野さんが背を向けて歩き出すと、
僕も同じく背を向けて歩き出すようにした。
それが高野さんの気遣いであれば、快く受け取りたいと思ったからだ。

# 商談の結果は、話す前に決まっている

営業は、言葉の魔術師でもあります。

巧みな話術で、買う気のなかったお客様を、買う気にさせる。

これはまさに魔法と呼ぶにふさわしいでしょう。

ですが、**商談の結果は会話を始める前に決まっている**とも考えています。


僕は営業としてではなく、「人と人」としてお客様とお会いします。

では、そこからどうやって契約へとつなげていくのか。

そのための第一歩として重視しているのが、相手への「気遣い」です。

「気遣いなんかで、結果が出るものか」と思う人もいるでしょう。

ですが商品もサービスも余るほどある現代では、質が良かったり役に立ったりするだけでは選ぶ理由になりません。

**お客様は「信頼できる人から買いたい」と思っています。**
だからこそ、気遣いがとても重要になってくるのです。

営業の世界で有名な「気遣いの達人」といえば、プルデンシャル生命のトップ営業である川田修（かわだおさむ）さんです。

著書『かばんはハンカチの上に置きなさい』はベストセラーとなり、かばんの底で家の床を汚さないためにハンカチを敷く気遣いは、多くの営業に衝撃と学びを与えました。もちろん僕も、実践していました。

ある日のことです。電話口で断られたお客様に「ご挨拶だけでも！」とお願いして自宅に伺った際、玄関で白いナプキンを取り出し、その上にバッグを置いたところ、お客様の視線がチラッとバッグに移ったのを感じました。

そしてリビングに通されて腰掛けるなり「契約するよ」と言われました。

お客様は「ナプキンを下に敷いてくれたのは、床を汚さないためでしょ？　その心遣いに感動したんだ」と。僕の気遣いに気づいてくれたのです。

反対に自分が客として、営業の気遣いに感動して契約を決めたこともあります。

それは僕が初めて保険に入ったときです。勧めてくれた保険の営業の方は、こちらの都合に合わせて商談場所を選定してくれて、場所の説明も「品川駅の港南口を出て右手に進むと○○が見えて～」と、詳しく伝えてくれました。

それだけでなく、僕が営業の仕事をしていると知ると「このラウンジで商談するとなぜかいつもうまくいくんです。福島さんもぜひ使ってみてください」と教えてくれて、保険以外のことでも貢献しようという意識を強く感じました。

まだ30歳だった僕には保険の内容はよくわかりませんでした。でもその気遣いに感動し、「この方に任せたい」と思い、年齢のわりには高額な保険を契約しました。

## 誰でも気遣いできる人になれる「3つのステップ」

「この人は私のことを本当に考えてくれているんだ」

お客様がそう感じて初めて、こちらの言葉に耳を傾けてくれます。口で「お客様が第一です」と伝えても意味はありません。お客様がそう実感するような**行動を起こすことが大切です。**

とはいえ、特別なことをする必要はありません。

むしろ**「小さな気遣い」ができるかどうかが重要です。**小さな点に気づくからこそ、「そんなことまで！」と、大きな驚きを与えられます。

その秘訣は、次の3ステップを踏むことです。

**①相手や状況をよく観察する**
**②「こうすると喜ばれるのでは？」と仮説を立てる**
**③勇気を出して行動する**

たとえば雨上がりに喫茶店で商談する際は、事前に別のお店の候補も考え、予定より30分ほど早く着くようにします。もしお店の床が雨などで汚れているのに気づいたら、別のお店に場所を変更できるようにするためです。床に荷物を置くこともできないでしょうから、荷物が置ける広い席のあるお店を提案します。

お店の冷房が効きすぎていると感じたら、事前に店員さんにブランケットをお借りしておきます。そしてお客様に「このお店、ちょっと冷房が強いので、よかったらこちらをお使いください」と、差し出します。

「寒いですね」と言われる前に用意しておくことで、「ここまで考えてくれているなんて」と、驚きとともに信頼が生まれます。

最悪なのは、お客様に「寒いですね」と言われて、お店の人に「寒いので冷房を弱くしてください」と頼むこと。お客様に申し訳なさを感じさせてしまいます。

商談の前、商談中、あなたの意識はどこに向いているでしょうか。

何を話そう。どんな武器を出そう。どう切り返そう。

話の内容で、頭がいっぱいになっている人も多いと思います。

たしかに考えるべきことですが、**そこに夢中になるあまり、「目の前のお客様のこと」が見えていない人が多いのも事実です。**

感動を生む気遣いをするには、まずお客様を観察し、そこから仮説を立てて、先回りして行動する意識を持つことが重要です。

## 考えなくても気遣いできる「アイテム」を用意する

気遣いのための3ステップをお伝えしましたが、簡単なことではありません。

お客様を目の前にすると緊張して、気遣いどころではなくなる人もいるでしょう。

そこで、さらに3つのコツをお教えします。

1つめのコツは、**アイテムを用意しておく**ことです。

気遣いに使えるアイテムを持ち歩くことで、自然に意識が向きます。

なかでも、僕が持っている強力な武器が「マイコースター」です。

グラスの下に敷く、アレです。白くて丸い紙製のコースターを20枚ほど、いつもかばんに忍ばせています。そのきっかけは、とあるカフェでの商談でした。

お客様との商談でいつも利用しているカフェ・チェーン店がありました。

オフィス街にあるカフェで、適度に席の間隔が離れており、ビジネスパーソンが多くて商談をしていても浮いたりしないため重宝していました。

席に案内されると、まずおしぼりと、氷の入った水が出てきます。

「今日はお忙しいところ、ありがとうございます」と挨拶を終え、しばらくすると、テーブルの上にできた小さな「水たまり」が目に入りました。

そのお店は、来店時に出てくる水にコースターが付いていなかったんです。

このお店にかぎらず、似た光景を見たことがある人も多いのではないでしょうか。

「コースターがあればいいのに……」と思った僕が店員さんに相談するも、「用意がない」との返答。そこで**「だったら自分で持てばいい！」とひらめき、ネットで紙コースターを購入し、かばんに忍ばせるようにしました。**

とはいえ、これ見よがしに「ドヤ！」とは出しません。

お客様が到着する前にあらかじめコースターを敷いておいたり、気づかれないようにサッと敷いたりする程度です。それでも半数くらいのお客様は「あれ？　このお店、コースター付いてましたっけ？」と気づいてくれます。

「僕が敷いちゃいました」と答え、お客様の大事な書類やパソコン、契約書を濡らさないためだとお伝えすると、お客様は「そんなことまで考えてくれているんですね」と感心してくださるんです。

たった1枚5円のコースターでお客様に驚きを残せるので、カフェでの商談が多い人にはぜひおすすめしたい気遣いです。

他にも、お客様用のウェットティッシュもかばんに忍ばせています。

契約書を記入するお客様を観察して、左利きだとわかればかばんから出しておき、書き終わったお客様に**「お手は汚れませんでしたか？」と言って差し出します。**

書類は基本的に左から右に書いていく形式のため、左利きの人は書き進めるうちに書いた文字の上を手でこすってしまいインクが手に付くことがあるからです。

僕は左利きではないので、観察して得た情報から仮説を立てて実践してみました。

「気遣いアイテム」は、臨機応変な対応が苦手な人にはおすすめです。

# お客様が感じている「気まずさ」に気づけるか

水たまりや左利きなど、目に見える事象や行動がヒントになる気遣いは、まだ比較的見つけやすい気遣いポイントです。いわば初級編。

次に中級編としてお伝えしたいのが、2つめのコツ**「行動に表れていない心情を想像する」**ことです。その大切さを思い知った、苦い経験があります。

営業代行会社の経営者であるAさんから、発注元である会社の経営者を紹介いただいたときのことです。Aさんと一緒に先方を訪問した際、トラブルが起こりました。

法人カードの申し込みには、売上高に当期利益、本店所在地、従業員数など、処理上必要になる情報がいくつかあります。

商談するなかで、お客様の意欲が高いと判断した僕は、その場で申し込みを提案しました。お客様も快諾し、申込書を記入し終えました。

ですがお客様の会社を出たところで、Aさんから苦言をいただきました。

「私がいる前で年収や利益など聞くなんて、相手に失礼だ！」

僕は申し込みに必須な項目であることを説明しました。ですが……。

「君はまったくわかってないな。あの社長は私の会社の発注元なんだぞ。あの人の立場だとしたら、下請け会社の社長に年収を聞かれたくないということもあるだろう。紹介をされている手前、私の顔を立てる意味で書いてくれたのかもしれないが、そこまで想像できなかったのか？」

この視点はまるでありませんでした。必要な情報を聞くことはもちろん間違ってはいませんが、僕は相手に気まずい思いをさせてしまいました。

行動には表れていない「心情」まで想像しなくてはいけません。

それも、**相手が複数人なら、それぞれの関係性までふまえたうえで全員の心情を察する必要があります。**

「Aさんに年収を知られたくない」と感じているお客様の心情。

そんなお客様の心情を汲み取って申し訳なさを感じているAさんの心情。

そのすべてを感じ取れてこそ、本当の気遣いなのです。

## 目の前のお客様を「周りの人」はどう見ているか

先ほどの経験で学んだことが、もうひとつあります。

それが気遣い3つめのコツ、**お客様の「周りの人」の視点になる**ことです。

営業の世界には「お客様より先に行動しない」という暗黙のルールがあります。

商談場所の喫茶店に先に着いても、お客様が来る前に注文してはいけない。出されたお水も、先に口をつけてはいけない。

それどころか会社に伺った際に出された水には「どうぞ」と言われるまで口をつけてはいけない。そういったしきたりもあります。

本章の冒頭でご紹介した川田修さんも、著書のなかで「応接室に通されてもお客様が来るまで座らない」とおっしゃっていました。それは「自分はお客様ではないから」という意識に基づくそうで、その考え方には僕も大いに賛同します。

ですが社外での打ち合わせの場合は、そのかぎりではないとも考えています。

それは、こんな経験をしたことがあるからです。40代のお客様と、商談のためにホテルのラウンジで待ち合わせていたときのことでした。

お客様はなかなか現れず、予定時間ちょうどに電話が入り、5分ほど遅れてしまうと言われました。「先に何か飲んでてください」と気遣っていただいたのですが、僕は暗黙のルールどおり、水だけ飲みながらお客様を待っていました。

ですがお客様が到着された際、「もう注文した？」と聞かれ「まだです」と答えたところ、**「え～先に頼んでてよ～。気を遣っちゃうじゃん」**と苦笑いされてしまったのです。

「ああ……気を遣わせてしまったのか」と、僕は反省しました。

僕自身が「客側」としても同様の出来事を経験しました。

ある不動産の営業からの提案をカフェで受ける予定だったのですが、予定時間の

30分ほど前に営業から「席を取りました！」と連絡をもらいました。

こちらは時間通りにしか行けなかったため、「お待たせしてしまい恐縮です。先に何か飲んでてください」と返信しましたが、その営業は水も飲まずに姿勢を正して待っていました。その姿を見て、僕はこう言ってしまいました。

「先に飲んでてくれて良かったのに～」

## 「目の前にいる人」だけがお客様ではない

自分が客の立場になって初めて気づきましたが、**何も注文をせずに待っている営業を見ると、客側に非があるように感じるんです。**

周囲の人も「客が待たせているから、あの営業は何も飲めていないのだ」と感じます。「そんなに気を遣わなきゃいけない、気難しい客が来るのか」と想像してしまいます。明らかに「これから営業を受ける人が来るんだ」ということも伝わり、変に悪目立ちするとも感じました。

お客様の**「周囲の人」がどう感じているかを考えることも大切なのです。**

この視点は、ホテル時代に培ったものでもありました。

ホテルでは、たとえ常連のお客様がいたとしても、あからさまな特別扱いはしません。その光景を見ているお客様が「あの客だけ特別扱いして」と、相対的に自分たちが低い扱いを受けていると感じるためです。

反対に、他のお客様が雑な接客を受けているのを目の当たりにすると、自分が受けたわけではないのに気分が悪くなります。だからホテルでは、目の前にいるお客様だけでなく、その光景を見ているお客様も意識しなければいけませんでした。

そのため僕が営業としてお客様を待っているときは、**あえて飲み物を先に頼んで飲んでいるようにしています。**

もちろん、それは相手によります。紹介者がとても気を遣っているお客様や、年配のお客様などの場合には、川田さんも著書で書かれていたように最大限の遠慮を心がけ、何も頼まずに待つようにします。

ですが基本的には先に頼んで「このコーヒー美味しいですよ！」と、会話のきっかけにするようにしています。

## 「すぐに行動する」ことが裏目に出るとき

ここまで、さまざまなケースの「気遣い」をご紹介してきました。

手法はいろいろとあれども、共通するのは「相手の視点に立って、最適な気遣いを考える」というシンプルな原則です。

わかってはいながらも、それができないのには理由があります。

僕たちの頭や体に染み付いた規範が、人間的な対応を阻害しようとするためです。

とくに急いでいるときは、無意識のうちに規範に則った行動をしてしまいます。

第2章でも触れたように、**「マニュアルだから」「規則だから」「マナーだから」といった機械的な対応をすれば、お客様の心が離れてしまいます。**

だから気遣いをする際は、**一瞬立ち止まって考えることが大切です。**


営業の世界では、よく「レスポンスが早いほうがいい」と言われます。

お客様としても、質問にすぐ答えてくれる営業の方がありがたいですし、信頼がおける営業だと思ってもらえますよね。

ホテルでも同じで、質問への返答は「正しく即答」が基本でした。

ですがこの「即行動」が、気遣いを自分本位なものにしてしまうことがあります。

即行動したことで気遣いが裏目に出た経験をご紹介しましょう。


あるお客様から、30代前半の経営者をご紹介いただいたときのことです。

どうやらお客様の前職時代の後輩とのことで「○○をよろしく頼みます」と、律儀にお願いまでいただきました。

商談場所に指定されたのは、小さなシャンデリアが掛かっていたり、壁は一面の鏡張りだったりと、とてもオシャレなお店。

なんだか落ち着かずソワソワしていると、紹介いただいたお客様が到着しました。

お客様は僕よりも先に名刺入れを手に取り「初めまして！」と自己紹介。場所の持つ緊張感も相まって、僕の背筋はよりピシッと正されました。緊張しながらも無事に契約を終え、お客様がチラッと腕時計に目線を移したところで、「今日はありがとうございました」とお礼をして締めました。

そしてトイレをずっと我慢していたことに気づき、断りを入れて離席しました。

約2分後、戻ってくるとお客様の姿が見えないんです。

椅子に腰かけたところ、壁の鏡越しにお客様の姿が見えました。

なんと、**手には財布を持っているではありませんか。**

「お客様に払わせるわけにはいかない！」と、僕は瞬間的に席を立ちあがり、お客様のもとに駆け寄って「○○様、ここは私が！」と申し出ました。

ですがお客様も「お時間をいただいたのは私のほうですから」と譲りません。

「いえいえ、どうかここは僕に」と、押し切るような形で支払いをすませました。

別れ際も、そのお客様は「○○先輩には今もお世話になっているので、どうかよろしくお伝えください」と、律儀にお伝えくださいました。

僕は感激しながら帰路についたのですが、なんだか心地が悪いんです。

だって先ほどのお会計をした場面、**お客様の顔が「笑顔」じゃなかったんです。**

その表情を思い出し、僕は「やってしまった……」と後悔しました。

その人は、しきりに「○○先輩にはお世話になっている」と言っていました。僕のことをただの営業ではなく、「○○先輩から紹介された人」として大切に扱ってくれていたのだと思います。おそらく本心から、自分で支払いたかったのでしょう。

それなのに僕は「営業が払うもの」というマナーにとらわれ、お客様の顔を見事に潰してしまいました。

**マナーをかたくなに守ることは、エゴでしかありません。**

ここまで何度も繰り返していますが、マナーは相手に心地よく過ごしていただくための手段であって、「実行する」ことが目的ではありません。

だから本来は、相手やシチュエーションによって変えなければいけないのです。

「即行動」は大切ですが、動く前に立ち止まって「本当にそれでいいのか？」「相手はどう思うだろう？」と、視点を変えて考える意識が必要です。

とはいえ、じっくり考えていては後手後手になるだけ。

そこで、**「5秒間だけ立ち止まって考える」**ことを意識するんです。

5秒間で良し悪しの判別なんてできないかもしれませんが、少しでも意識をすることで、マナーに縛られて相手の気持ちを無下(むげ)にするのを防げます。

## 「気遣い」が武器になる本当の理由

マナーや慣習の怖いところは、そこに悪意がないことです。

営業1年目の頃、僕はお会いしたお客様全員に手書きでお礼状を書いていました。

すると、ある先輩が「そんなのメールでいいじゃん」とアドバイスをくれました。

僕はそれでもお礼状を書き続けていましたが、同僚は書くのをやめてしまいました。「なんでやめるの?」と聞くと、「先輩の言うとおりかなって……」と。

納得していないけど、先輩に嫌われたくないからなんとなく従ったようでした。

悪意があれば「ほっといてください！」と反論できますが、悪意がないだけに「そのほうがいいのかな」と、自分を曲げようとしてしまいます。

でもそうやって自分を曲げていくうちに、**マナーや慣習だけを守るロボットのような人間になってしまいます。**そして、その他大勢に溶け込んでいってしまいます。

マナーや慣習に迎合しそうになったとき、見抜く方法がひとつだけあります。

それは**違和感に目を向ける**ことです。

先ほどの例なら、僕にとってお礼状はただ感謝を伝える手段ではなく、お客様のことを思い浮かべたり、書いた時間が伝わったりすることにも意味がありました。

だから「メールにすれば？」と言われたとき、すごく違和感がありました。

「みんなこうやってるから」

「これまで、こうやってきたから」

自分がそんな意識に流されそうになっていないか、そこに違和感はないか。

それを感じるためにも即行動ではなく、5秒だけ立ち止まってみましょう。

そして相手の視点に立って、「自分はどうすべきか」を考えてみます。

リッツ・カールトン元日本支社長の高野登さんは、別れ際に振り返りません。自分が振り返るのを、相手に待たせたくないからです。

相手の視点で考えたときに、それがベストだとご判断されているのです。

大事なのはマナーを守ることではありません。

**あなたが、相手のためにどうしたいかです。**

相手の立場で考えて、それでも「してあげたい」と思ったことこそ、自分が大切にしたい価値観であり、あなたらしい「マナーを超えた気遣い」なのです。


それは、相手のためだけではありません。

第2章で、「意味のある行動が、あなたに興味を持つ落とし穴になる」とお伝えしたように、**マナーを超えた気遣いも「落とし穴」になります。**

たとえば、先ほどご紹介したマイコースター。

これを差し出すと、半数くらいのお客様は興味を持ち「なぜ、そんなところに意識が向くのですか?」と聞いてくれます。

そこで、「はじめに」でお話しした「12のルール」をお見せします。
「僕はこんなことを日頃意識しているんです」と、在り方や心得をお話しします。
すると、お客様は僕という人間を理解し、心の奥にある意識に共感してくれます。
「友人に伝えてもいいですか？」と、その場でご紹介をくれた人もいました。

マナーや慣習に縛られず、自分なりの気遣いをしてみましょう。
その理由を聞かれたら、正直に伝えてみましょう。
行動の奥にある想いが、あなただけの魅力となってお客様の記憶に残るのです。

## 「何かしてあげたい」気持ちは、どんなスキルにも勝る

ここまで、自分なりの気遣いをするコツをお伝えしてきました。
気遣いさえできれば、話の内容はどうでもいいということではありません。

話の内容に耳を傾けてもらい、しっかり聞いていただくために気遣いが必要なのです。

話の内容と、気遣い。どちらかではなく、どちらも大切にする人だけが、記憶に残る存在になれます。

お客様に何を伝えるかについても、この後の章で説明していきます。

でも本当は、みんな「これをしてあげたいな」と、気づいてはいるのだと思います。

それなのにできないのは、感情や経験がストップをかけているからでしょう。

「もし行動して、変な人だと思われたら恥ずかしい」

「過去に良かれと思ってとった行動が、誰かを怒らせてしまった」

「自己満足でしょと、言われてしまった」

「余計なお世話と思われるかも」

そして、行動することが怖くなる。

僕もそんな経験は何度もあります。

その度に、どうすればいいのか、自分は間違っているのかと、悩んだものです。

気遣いによってお客様を感動させ、記憶に残る。

**それを阻む最大の敵は、もしかしたら自分自身なのかもしれません。**


お客様を観察したり、気遣いの方法を考えたりすることも、もちろん大事です。

でも、それは後からいくらでも身につけられるスキルです。

「相手のために何かしたい」という想いは、すぐに手に入るものではありません。

想いがあって初めて、スキルは使い物になります。

だから、たとえ失敗や誰かに揶揄されることが怖いとしても、自分のなかに芽生えた**「何かしてあげたい」という気持ちを大切にしてあげてください。**

その想いこそが、どんなスキルにも勝る最高の能力なんです。

# RULE 03

# 「5秒間」だけ
# 立ち止まる

相手をよく観察して、
「こうしたら喜ばれるかも」と仮説を立てて、
勇気を持って行動する。
その際、マナーや慣習にとらわれていないか、
5秒だけ立ち止まって考える。

第 4 章

# 「傘」を持っていてもささない

## ──「説得力」のルール

# 高級外車に乗った「販売員」

よく驚かれるけど、僕は車の免許を持っていない。
でも、車を「綺麗だな」「カッコいいな」と眺めることは大好きだ。
営業2年目、ある車好きのお客様との雑談でそんな話をすると、
「今度、僕の車の納車があるから一緒に行こうよ」とお誘いいただいた。
それから1ヶ月後の昼間、僕はお客様と、ある輸入車の販売店を訪れた。

お店に入ると、「お待ちしておりました！」と、
笑顔が素敵な30代くらいの男性が歩み寄ってきた。
親しげな雰囲気で、きっとお客様は、この店の常連なのだろうと感じた。
事務手続きを終えて駐車場へ向かうと、ひときわ輝く綺麗な車があった。
イギリス製の高級車で、金額は約3000万円ほどだった。
営業駆け出しの僕には、どう転んでも買えない金額だ。

羨ましがる僕に、お客様は突然こう言った。
「福島くん、この営業さんを見習うといいよ。
僕はこの人からしか車を買わないんだ」
なぜそこまで惚れ込んだのか、僕は理由を尋ねた。
「だってこの人、ここで扱ってる車を自分で買って乗ってるんだよ。
だから説得力が他の人とは全然違うんだ」
横を見ると、その担当者は恥ずかしそうに会釈し、こう言った。
「もちろん型落ちですけどね。僕はこの車が大好きなんです。
それに、実際に乗らないと本当の良さを伝えられないと思って」

外車販売ディーラーは、高級外車をポンと買える給与ではないそうだ。
それでも、お客様に自分の言葉で伝えたいと思い、
ローンを組んで買ったのだとか。
その説得力と熱意に心を打たれ、彼のファンになる人は少なくない。

# 「説得力」を身につけるより、大切なこと

ここまで、お客様と良い関係になる秘訣を伝えてきました。

とはいえそれは、話を聞いてもらう準備が整っただけ。

いわばスタートラインに立ったところです。

そこから結果につなげるためには、話の内容を信頼してもらい、行動してもらう必要があります。


お客様を動かすために、多くの営業は「説得」の技術を磨きます。

相手の課題を聞き出し、言語化し、自社商品がその課題を解決できる理由を論理的にお伝えして、決断を迫る技術です。

ですが、ここでお伝えしたいのは「説得するための話し方」ではありません。

**相手のほうから動いてくれる、「説得力のある人」になるための話です。**

もちろん僕も、営業を始めた当初は必死になってセールストークを磨きました。

ですが先述のとおり、うまくはいきませんでした。

お客様はすごく敏感ですから、論理で武装したトークを繰り広げても、ちょっとした言い回しや話の運び方から**言葉の裏にある「契約させたい」という意図を感じてしまうのです。**

説得は、相手のためではなく自分のためにすることです。

だから、お客様はなんだか居心地が悪くなり、「良い話っぽいけど、なんか迫られている感じがして不安だな……」と、決断を迷ってしまいます。

それに、「会社に指示されたことを話しているだけだな」と思われたら、一発アウトです。信頼なんてしてもらえるはずがありません。

相手を説得しようと必死になればなるほど、お客様は逃げていきました。

だから、いっそのこと「説得」はやめてしまおうと考えました。

**その代わりに目指したのが、「説得力のある人」になることです。**

# 説得力が「ある人」と「ない人」の違い

営業時代、こんな先輩がいました。

オフィスに頻繁にかかってくる外線電話は営業が出なければいけないルールがあったのですが、入社間もない僕が商談の準備に追われて電話を取らずにいたところ、ある先輩から「おい、電話に出ろよ！」と叱られたんです。

僕は「すみません」と謝罪しながらも、何だか釈然としない気分でした。だって、**その先輩が電話を取っている姿を一度も見たことがなかったんです。**

心の中では「この人には言われたくないな」と、小さく反発していました。

それから数日後、また同じことをしてしまった僕は、別の先輩に「おい、電話に出ろよ！」と、同じ言葉で叱られました。

ですが今度は「次は気をつけよう」と、心から反省できました。

その先輩がいつも率先して電話を取っている姿を見ていたからです。

同じ言葉なのに、響き方がまったく違ったのです。

「大切なのは何を言うかではなく、誰が言うかだ」とよく言うように、同じ話をして信頼される人もいれば、「本当かな?」と疑われる人もいます。

**その差は、「自分でやっているか」どうかです。**

自分でやっていて、他人にも勧めているのか。

自分はやっていなくて、他人にだけ勧めているのか。

両者が発する言葉の説得力には、天と地ほどの差があります。

あなたが他人に勧めているものは、自分でもやっているものでしょうか。

**「自分の言葉」で語れるのは、実際に体験した人だけです。**

そんな人こそが、説得力があり、信頼される人なのです。

口がうまいだけの人ではなく、自らがお客様と同じ立場で感じたことを伝え、「君が言うならそのとおりだね」と感じてもらえる説得力のある人。

そうなりたいと思った僕は、**セールストークを磨くのをやめました。**

代わりに、不動産投資を始めました。

といっても規模は小さく、都内の中古ワンルームを区分所有していた程度です。その話を同僚にすると「家賃収入があると安心だね」と言われましたが、それが目的ではありません。

**お客様である経営者がやっていることを、少しでも体験したかったからです。**

きっかけは、とある失敗でした。

## 使っている言葉の「意味」をわかっているか？

それは冬の寒い日でした。

東京郊外にある建設会社の経営者を紹介いただき、訪問したときのことです。社員は30人ほどで、お客様の話によると売上も右肩上がり。きっと契約をいただけるはずだと思い意気揚々と商談に臨んでいたのですが、意外にもお客様は倹約家で、「年会費○万円か……」と悩んでいました。

こんなときのために、アメックスカードの法人営業には、あるキラーフレーズがありました。**「経費で落とせます」です。**

法人カードを導入する際にかかる費用は年会費のみですが、1万円ほどのプランもあれば、カードのグレードや枚数によっては数十万円になることもあります。

創業間もないお客様の場合、この年会費がネックになることが多かったのです。

そこで、事業用カードなので年会費は経費計上が可能だとお伝えすると、たいていのお客様は「経費で落とせるならいいか」と、契約してくれました。

お客様は「経費で落とせる」という言葉が大好きなんだと、当時の僕や同僚たちは信じて疑いませんでした。

そこで、年会費に悩むお客様に対して、僕は伝家の宝刀を抜きました。

「社長、ご安心ください。年会費は経費で落とせますから」

すると、資料に向いていたお客様の視線が、こちらに向きました。

僕はお客様と目が合い、こう言われたんです。

「福島くん、君は経費が何かわかっているのか?」

はじめは何を言われているのか、まったく理解できませんでした。だって、経費は経費じゃないですか。

「会社のために使うお金で、使った分だけ利益を圧縮できて節税にもなるものですよね」と答えると、お客様はふ~っと大きなため息。数秒後、こう言いました。

「たしかにそうだね。でも、その経費はどこからくるのか考えたことはある?」

経費はどこからくるのか……そんなこと考えたこともありませんでした。

黙り込む僕に、お客様は諭すように教えてくれました。

「経費というのはね、元はうちの大切な社員たちが汗水たらして稼いでくれたお金なんだよ。だから経費で落とせるなんて軽々しく言われると、この営業は何も経営をわかってないと思っちゃうんだ」

唖然としました。全部、お客様の言うとおりです。

社員の方々が稼いだ大切なお金を使うという意識はなく、**僕は機械的に「経費で落とせばいい」と言っていただけでした。**

郵便はがき

料金受取人払郵便

渋谷局承認

2087

差出有効期間
2025年12月
31日まで
※切手を貼らずに
お出しください

150-8790

130

〈受取人〉
東京都渋谷区
神宮前 6-12-17
株式会社ダイヤモンド社
「愛読者クラブ」行

本書をご購入くださり、誠にありがとうございます。
今後の企画の参考とさせていただきますので、表裏面の項目について選択・ご記入いただければ幸いです。

ご感想等はウェブでも受付中です（抽選で書籍プレゼントあり）▶

| 年齢 | （　　　）歳 | 性別 | 男性 ／ 女性 ／ その他 |
|---|---|---|---|
| お住まいの地域 | （　　　）都道府県 （　　　）市区町村 | | |
| 職業 | 会社員　経営者　公務員　教員・研究者　学生　主婦<br>自営業　無職　その他（　　　） | | |
| 業種 | 製造　インフラ関連　金融・保険　不動産・ゼネコン　商社・卸売<br>小売・外食・サービス　運輸　情報通信　マスコミ　教育<br>医療・福祉　公務　その他（　　　） | | |

DIAMOND 愛読者クラブ　メルマガ無料登録はこちら▶

書籍をもっと楽しむための情報をいち早くお届けします。ぜひご登録ください！

- 「読みたい本」と出合える厳選記事のご紹介
- 「学びを体験するイベント」のご案内・割引情報
- 会員限定「特典・プレゼント」のお知らせ

**本書をお買い上げいただいた理由は？**
（新聞や雑誌で知って・タイトルにひかれて・著者や内容に興味がある　など）

**本書についての感想、ご意見などをお聞かせください**
（よかったところ、悪かったところ・タイトル・著者・カバーデザイン・価格　など）

**本書のなかで一番よかったところ、心に残ったひと言など**

**最近読んで、よかった本・雑誌・記事・HPなどを教えてください**

**「こんな本があったら絶対に買う」というものがありましたら**（解決したい悩みや、解消したい問題など）

**あなたのご意見・ご感想を、広告などの書籍のPRに使用してもよろしいですか？**

1　可　　　2　不可

ご協力ありがとうございました。

僕は素直に謝罪しました。

「わかってくれたらいいんだよ」と、お情けで契約はいただけましたが、オフィスに帰る電車の中で自分の発言を後悔しました。

会社員の経費は全額会社から戻ってきますが、会社の出費になることには変わりありません。そのため「経営者にとっての経費」は、僕たちとは認識が異なります。頭では理解できても、僕には経営の経験がありませんでした。

どうすれば「当事者意識」を持てるんだろう。

考えた結果、出た答えは**「自分も経営者になろう」**でした。

ですがアメックスは副業禁止。そこで会社の人事担当者に相談したところ、事業規模ではない小規模の投資ならＯＫとのこと。

そのなかで経営感覚が持てそうだと考えたのが、「不動産投資」だったのです。

# 当事者にならないと、わからないことがある

不動産投資を始めたことで、初めて意味を理解できた言葉がいくつもあります。

たとえば、「融資」です。

投資する決意こそしましたが、もちろん僕には現金で購入できるほどの財力はありませんでしたから、約2000万円の融資を銀行から受ける必要がありました。

「融資」もお客様との会話のなかで頻繁に出てきた言葉ですが、このとき初めて、僕は「融資」が意味する重みを感じました。

「確定申告」も必要でした。でも税務署でもらった書類は意味不明です。売上を書いて、領収書をもとに支払った経費を記入して。その苦労がわかりました。

僕みたいな小規模では経費算入の金額はごく僅かですが、規模が大きくなるほどその額は上がるため、「領収書」をほしがるお客様の気持ちも初めてわかりました。

何より、そもそも「売上」がなければ使える経費はかぎられています。売上があ

るから経費をかけることができます。この売上をつくっているのが、社員です。ここでようやく経費の意味と、それが社員の努力の結晶であることを思い知りました。

この経験は経営者の疑似体験にすぎませんでしたが、**少しでも当事者に近い経験をすることで、理解を超えてお客様の気持ちを実感できたのです。**


当事者になり、言葉の本当の意味を知ると、お客様との会話も変わります。

もちろん「経費で落とせる」という言葉は自然と使わなくなり、逆にこんな言葉が出てくるようになりました。

「社長、ちなみに年会費は経費として計上いただけます。とはいえ、御社の大切な社員の皆様が稼いだお金を使わせていただくことにはなります」

営業としては、言わなくてもよいことではあります。

ですがお客様からは「そこまで考えてくれるなんて、他の営業とは違いますね」と、お言葉をいただけることが増えてきました。

知識から出た言葉と、体験から出た言葉では、重みがまったく違うのです。

# 当事者になって気づけた小さな気遣い

お客様と同じ立場になると、見える世界も変わります。
すると、そこから新しい情報を得られることもあります。
お客様と同じ体験をしたことで気づけた、ある気遣いがありました。

それは街中の喫茶店で商談をした際のこと。通常はその場でお客様に書類をお渡しして、生年月日や電話番号、住所、年収などを含む情報も記入いただきます。営業からすれば違和感のない光景ですが、お客様目線では違ったようです。あるときの喫茶店での商談で、男性のお客様が書類を記入する際に、ふと両隣に目線を移すそぶりをしたのです。

無事に契約は終了しましたが、そのそぶりの理由が気になった僕は、翌日の出社前に駅前のカフェに行き、お客様が書く契約書に自分で記入してみました。

当事者になれば、お客様の行動の理由がわかると考えたのです。
名前、生年月日と書いていきましたが、ある項目でペンの進みが鈍くなりました。

**それは「年収」の欄でした。**

駅前のチェーン店でしたから、店内は満席。両隣に人がいると視線が気になってしまうんです。**「当事者」になって初めて、この違和感に気づけました。**

この違和感を解消できないか考えた僕は、あるものを思いつきました。
個人情報を書いたハガキなどに貼って、書いた内容を見えなくする「目隠しシール」です。これを申込書の記入欄の大きさにカットして、年収以外にも住所など、個人情報を記入いただいた箇所から順に貼っていくことにしたんです。

その日の商談でさっそく実践したところ、お客様にとても喜んでいただけました。
「このシールは会社から支給されるんですか?」と聞かれ、「いいえ。必要だと思ったので自分で用意しています」と答えると、「さすがアメックス!」と会社のことまで褒めてもらえました。驚いたことに、同じシールを購入して「うちでも使ってみるよ!」と、実践されたお客様もいたほどです。

**気遣いが苦手な人こそ、お客様と同じ体験をしてみましょう。**

「もっと、こうだったらいいのに」という点に気づけるはずです。

そこで「お客様のためには、何ができるだろう?」と考えてみると、今までには想像もしなかった、あなたなりの「気遣い」が見つかります。

## 「傘」を持っていても、ささない人でありたい

僕にとって、説得力がある人の象徴のような存在がいます。

営業4年目、当時の僕はマンションの10階に住んでいました。

朝、自宅を出ようとふと外を見たところ、雨が降っていました。

僕は両手がふさがるのと荷物が増えるのが嫌で、傘が大の苦手です。

雨は強くなかったため傘を持っていくか悩み、ベランダから眼下の道路を見たところ、傘をささずに歩いている人が目に入りました。

「傘をさすほどではないのかな」
そう思いかけましたが、でもよく見ると、その人は傘を持っていませんでした。
もしかしたら傘を忘れただけかもしれません。
信用してよいものかと悩んでいたところ、別の人が歩いてきました。
その人は手に傘を持っていましたが、さしてはいませんでした。
その姿を見て、僕はこう思いました。
**「そうか、傘は持っておいたほうがいいけど、さすほどの雨じゃないんだな」**
そう納得して、結局、傘を持たずに出かけました。
この「傘を持っているけどさしていない人」こそ、説得力の象徴に思えました。
雨のなか、傘をさすこともできるのに、さしていない。
**当事者であり、自由に選択できる状況での判断に、強い信頼感を覚えたんです。**
当事者の言動にこそ、もっとも説得力が宿ります。
人から信頼を得られるのは、自分と同じ立場で考え、発言してくれる人です。
この章の冒頭で紹介した高級外車の販売員が信頼されるのも、「当事者」だからです。強制されているわけではないのに、身銭を切って商品やサービスを使っているからこそ、「これは本当に良いものなんです」という言葉に説得力が出ます。

できるかぎり、お客様がしている体験を自分でもしてみましょう。

そして、「自分の言葉」でお伝えしましょう。無理に良い点だけ伝える必要はなく、悪い点も正直に伝えてみましょう。大切なのは言葉の内容ではなく、相手に「この人は自分と同じ視点で考えてくれている」と感じていただくことです。

信頼を得るために必要なのは、説得する言葉を磨くことではありません。

**できるだけお客様と近い立場になる努力をすることなのです。**

## 「当事者」でなくても信頼される人がしていること

とはいえ、当事者になるのが難しいことだってありますよね。

それが叶わない仕事があることも、事実だと思います。

たとえば、僕の友人に高齢者施設の介護士がいます。

友人はまだ30代であるため、70代や80代の利用者と同じ目線にはなれません。

また、ある知人は富裕層向けの高級物件の売買を担当しています。国内外にある物件が対象で、その金額は数億円から数十億円まで。

こちらも、当然ながら当事者として実体験することは難しいでしょう。

では当事者になるのが難しい仕事をしている人たちは、説得力のある人にはなれないのでしょうか？

いえ、そんなことはありません。

先ほどの介護士の友人は、利用者から絶大な信頼を得ています。物件の売買担当の友人は、多くのセレブから「あなたが選んで」と物件選びを任されています。

彼らのような人がしていること、それは**「相手を知る努力」です。**

当事者になれなくても、相手を知ろうとする姿勢が、説得力につながります。

それは知識だけにとどまりません。介護士になるには勉強が必要ですが、資格における知識が豊富であることと、利用者が心を開いて信頼してくれるかは別です。

足腰が丈夫ではない高齢者は、何をされると嬉しくて、逆に何が嫌なのか。知識を得ることではなく、お客様を理解しようとすることが大切です。


これは、亡くなった僕の祖母が入居していた高齢者施設での話です。

最初に入居した施設で、おしゃべり好きだった祖母は突然無口になりました。

ですが別の施設に体験入居してみると、祖母はまたおしゃべりになりました。

理由は、その施設の介護士さんでした。

僕や両親にヒアリングをして、家族構成や祖母が好きな食べ物、花、行ったことのある旅行先など、たくさんの情報を集めていたのです。

そして、施設を散歩しているとき、**「この花綺麗ですね。そう言えば〇〇さんも〇〇に旅行に行ったとき、見られたんじゃないですか」**など、語りかけていました。

すると祖母は段々と表情が明るくなり、元のおしゃべりに戻ったそうです。

その介護士さんは、祖母と同じ当事者になることはできませんでした。

でも、誰よりも祖母のことを知っていましたし、知ろうとしていました。

自分のことを知って、理解しようとしてくれている気持ちが、きっと祖母は嬉しかったのだと思います。

**「指示・命令なんかで人は変わらない。自分が理解されたと思ったとき、人は自分から変わっていく」**

これは、僕がお世話になった人の言葉です。
いくら説得しようとも、人の心は簡単には動きません。
「相手を理解したい」という姿勢が伝わることで、あなたのことを信頼できる人だと感じ、心が開き、自ら動いてくれるのです。

## 向かい合うのをやめて「同じ景色」を見る

「明日の商談は、ここいちばんの大勝負だ」

こんなふうに、商談を「勝負の場」にたとえる人がいます。

僕はそんな言葉を聞くたびに、違和感を抱いていました。あなたの商品やサービスを採用いただくことは、お客様にとって「負け」なのでしょうか？

そうではないはずです。**商談は勝ち負けを決めるものではなく、お互いにとって良いゴールに辿り着くためにおこなうこと**であるはず。

だからお客様には、「この営業は敵ではない。自分と同じ方向を見ている仲間だ」と思ってもらうことが、何よりも大切だと考えています。

あなたは、目の前の相手と同じ景色を見ているでしょうか？

向かい合っていては、見ている景色はズレたままです。その状態でいくら言葉を伝えても、相手は「この人は自分のことしか考えていない」と感じます。

「あなたのことを考えています」と、言葉でいくら伝えても意味はありません。重要なのは、実際に「相手の立場で考えた行動」をとっているかどうかです。

情報を集め、相手と同じ立場になって、同じ方向を見て考える。

**向かい合うのをやめて、同じ景色を見る努力をしてみましょう。**

あとは、相手にとってベストな提案をするだけです。

それでうまくいかなかったとしても、落ち込む必要はありません。

まだ相手のなかで、そのタイミングではなかっただけです。

タイミングではないものを、こちらの都合で無理に押し付ける必要はありません。

**相手にとって「そのとき」が来たら、絶対に、自分と同じ立場で考えてくれる人を選んでくれるはずです。**

一度信頼関係さえできれば、また別の機会に成約につながることもあります。

「あの人は信頼できる」という口コミにもつながります。

たとえ破談しても、そのお客様から紹介をもらえることだってあります。

だから、いっときの成果のために、お客様を説得してはいけません。

言葉で説得しなくても、言動や振る舞いに説得力がある人。

それこそが信頼される人であり、目指すべき姿なのです。

# RULE 04

# 「傘」を持っていてもささない

説得するための話し方ではなく、
説得力のある人になることが重要。
「当事者」になる努力をし、
相手と同じ立場で考えた行動に、
説得力が宿る。

# 第 5 章

# 素朴な「鏡」へと姿を変える

## ――「提案」のルール

# 人生を変えた「一冊の本」

24歳のとき、僕の人生は「一冊の本」によって変わった。

18歳で上京した僕は、大学には進学せずにアルバイト生活を続け、当時の年齢のわりには稼いでいたため優越感すらあった。

でも次第に同い年くらいの人たちがスーツを着て街中を歩き始めると、とてもカッコよく見え、「置いていかれた」と劣等感を抱くように。

そこで「次はスーツを着る仕事をしたい！」と思い、24歳のとき、小さなコンサルティング会社から内定をもらった。


飲食店経験しかなく、名刺さえ持ったことのない僕は、「名刺交換くらい覚えなくては」と、マナーの本を買いに書店に行った。

すると、辺り一面に同じ本が平積みにされていた。

当時のリッツ・カールトン日本支社長である、

高野登さんの著書『サービスを超える瞬間』だ。

飲食店界隈でも、リッツ・カールトンの東京進出は話題になっていた。

「どうせ、お辞儀の角度が何度とか、言葉遣いとか、そんな話だろ?」

僕は斜にかまえながら雑にページをめくり、驚いた。

想像とまるで違い、サービスの本質に迫った内容だったからだ。


当時の僕は、接客業は極めたと思っていた。

でも、リッツ・カールトンのことを知れば知るほど惹きこまれていった。

そして「ここまで真剣に接客をしていただろうか」と自問自答した。

立ち読みしたまま読破してしまった僕は、本を閉じた瞬間、こう思った。

「リッツ・カールトンで働きたい!」

自分が本当にしたいことが、ハッキリとわかったのだ。

それは、スーツを着てカッコよく街中を歩くことではない。

「お客様を感動させる」ことなのだと。

書店を出た僕は、就職が決まっていた会社に内定辞退の電話をかけた。

# ニーズに応えているのに なぜ「YES」を引き出せないのか？

当たり前ですが、ビジネスは需要と供給がマッチすることで成立します。

自分や自社が供給できることについては、すでに知っているはず。

あとは相手の需要を聞き出し、こちらが供給できることとマッチすると説明できれば、お客様は提案をのんでくれる。そう考えるのが普通です。

ですが、**ニーズに応える提案をしているのに、お客様は首を縦に振らない。**

そんな経験をしたことはないでしょうか。

僕もそうでした。会社が用意したトークスクリプトを覚えたり、先輩たちが話している内容を真似たりして実践しましたが、どうもうまくいかないのです。

「今お使いのカード、ポイント還元率には満足していますか？」

「ポイント、そういえば全然貯まっていないんだよね」

「ですよね。そこで当社のカードに替えていただくことで、還元率はこれくらい高くなります」

こうお伝えしても、相手は「う〜ん。それはそうなんだけど……」と、決断を渋る。そんなケースは少なくありませんでした。

「ニーズを満たしているのに、なぜ？」と不思議に思っていました。

これは、お客様側としての経験を思い出すと、納得できてしまいます。

頭では「いい商品なんだな」「きっと便利なんだろうな」と理解できているのに、「契約します！」と決断できなかった経験が誰しもあるのではないでしょうか。

経済的な問題など、商品やサービスとは関係のない理由で決断できなかったこともあると思いますが、僕の場合、いちばんの理由は「心が動かなかった」からでした。

**要するに、なんかテンションが上がらなかったのです。**

論理的ではありませんが、感情という側面も、判断の結果を左右する重要なファクターです。

もちろん、頭で理解していただくことは大切です。

でも、それだけではお客様は決断できないのです。

## お客様の心が動かない ただひとつの理由

お客様の心を動かせない理由は、じつはとてもシンプルです。

**「お客様から聞いたニーズに応えているだけ」だからです。**

「ニーズ」には、大きく分けて二種類あります。

ひとつが、「言葉にされたニーズ」です。これは読んで字の如くです。

「もっとポイント還元率が高いカードに乗り替えたい」「コンシェルジュサービスを24時間利用できるカードがいい」など、お客様から直接お聞きするニーズです。

この場合、解決すべき課題は明確です。自社の商品やサービスがその課題を解決できるのであれば、こちらの説明にお客様も自然に興味を持ってくれるでしょう。

ただ、多くの人がアプローチするお客様は、このタイプではありません。自分のニーズがわかっていて、それを本当に求めているのなら、そのお客様はすでに店舗を訪れたり、ネットで購入したりしているはずだからです。

厳しい言い方にはなりますが、**お客様からお願いされた願望やニーズを叶えるだけなら、営業活動も商談も必要ありません。**

人が会って話すのは、「欲しい」とは思っていないお客様の心を動かすためです。必要としていない相手に無理やり売りつけるという意味ではありません。もうひとつのニーズである**「言葉にされていないニーズ」を叶えるということです。**

## リッツ・カールトン流「ホスピタリティ」の正体

僕が働いていたリッツ・カールトンは、「言葉にされていないニーズ」を叶えるのが得意なホテルでした。

お客様が忘れた書類を渡すために新幹線に飛び乗って追いかけたとか、お客様がビーチでプロポーズする際、ひざまずいても汚れないようにマットを敷いたとか。ホスピタリティの最高峰と称えられるホテルでしたので数々の逸話が存在します。

これらのエピソードは「ワオ・ストーリー」と呼ばれ、全世界の社員に共有されていました。ですが実際に働いてみてわかったのは、そんな感動のサプライズはそうそう起こるものではないということです。

その代わりに現場では毎日、**お客様を驚かせる「小さな工夫」をしていました。**

たとえば、大阪のリッツ・カールトンに泊まったお客様がレストランで「このチョコが好きだ」とおっしゃったとき。翌月、そのお客様が東京のリッツ・カールトンに宿泊すると、部屋のテーブルに「おかえりなさいませ、田中様」とメッセージカードを添えて、そのチョコが置かれていた。なんて話もあります。

カップルのお客様が従業員との会話で「先週、誕生日だったんです」と話せば、食事のデザートが豪華になり、お皿にはチョコで「Happy Birthday」と書かれます。

やろうと思えば誰でもできる小さなことが、リッツ・カールトンを「ホスピタリティの最高峰」に押し上げました。

たとえ小さなことでも、**お客様自身さえ気づいていない「潜在的なニーズ」を叶えることで、相手の心は動くのです。**

## お客様の心の奥に眠る「潜在的ニーズ」を引き出す方法

よく商談では、「2割話して、8割聞く」のが良いと言われます。

これまで何をしてきたのか、今は何に困っているのか、これからどうなりたいのか。過去、現在、未来と幅広く問いかけ、そこから得た情報によってお客様の「ニーズ」を具体化していきます。

ですが、ヒアリングによって引き出せるのは「言葉になっているニーズ」です。

お客様の心を動かすには、言葉にされていないニーズを叶える必要があります。

潜在的なニーズはお客様自身も気づいていないため、いくら聞き出そうとしてもなかなか辿り着けません。

そこで僕は、**ときに商談の「8割」、自分から話すことがあります。**

ひたすら商品説明をするとか、お客様を説得しているというわけではありません。

僕が積極的に伝えているのは、**自分の「想いと意見」です。**

たとえば営業時代、ある注目企業の経営者を紹介いただいたときのこと。

その経営者には、「広告運用やサーバー費用の支払いが多額だが、現在のカードは使いすぎると止まってしまう」という、言葉になっているニーズがありました。

ご紹介いただいたお客様でしたから、当然、向こうのニーズとこちらが提供できる価値はマッチしています。自社で稟議した結果、特別に高額な与信枠を用意できたため、まずは目先のニーズを解決することができました。

すると今度は、その経営者から「人材不足を解消したり、社員のモチベーションを上げたりする方法はないか」と相談を受けました。いちど関係ができたお客様からは、カード以外のご相談を受けることは少なくありませんでした。

社員100人近くの会社経営者だけあって、はじめは理路整然とした会話が続いていましたが、次第に「社員には幸せになってほしいんです！」と、熱のこもった会話になっていきました。

そこで僕もお客様の話に乗っかり、リッツ・カールトンでおこなわれていた社員教育、それによるモチベーションの変化、教育の根幹にある「クレド」の話など、おそらく30分ほど一方的に話しました。

お客様は相槌を交えながら真剣に聞いてくれた後に、こう言いました。

「今の弊社に必要なのは、初心を思い出すことかもしれません」

「社会の理不尽をなくしたい」という純粋な願望から始まった事業も、市場で競争するうちに、気づけば「うまくいきそうな方法」ばかり真似していたそうです。

だから業績は右肩上がりでも、心が満たされない違和感を持っていたようでした。

それが、リッツ・カールトンでの経験を熱く話す僕の姿に、創業当時の自分の姿が重なり、違和感の正体に気づけたそうです。

こちらの話が呼び水になって、**お客様自身が心の奥にしまいこんでいた想いが引き出され、本当の欲求に気づけたのです。**

## 「脱線」したときこそニーズをとらえるチャンス

専門外の相談や、熱意や想いといった抽象的な話になると、商談の本筋から脱線したと感じる人も多いでしょう。

「お気持ちはよくわかりますが、いったん話を元に戻しましょう」と話を遮り、多少強引にでも商談の本筋に戻そうとする人も多いと思います。

ですが、**予定調和から外れたその脱線にこそ、お客様の本音が隠れています。**

話が脱線するときは大体、盛り上がって楽しくなっているときです。

営業とお客様という関係や、商談であるということを忘れ、まさに「これまで言葉になっていなかった本音」が溢れている状態です。

商談の途中で話が脱線したら、それは潜在的な想いをじっくりヒアリングできるチャンスなのです。その想いに対して真摯にリアクションすることで、お客様はあなたのことを、「よき理解者」として見てくれます。

人は、自分の話を聞いてくれる人を好きになります。ただしそれは、聞かれたから答えたことではなく、**自分が話したいことを聞いてもらえたときなのです。**

先ほどの経営者は、商談の最後に、軽やかな表情でこう言いました。

「我が社も初心に戻って、何をいちばん大切にしたいのか考えてみます」

そこから一気に関係性は深まり、ご友人の経営者もご紹介いただけました。

「潜在的な願望はなんですか？」と聞かれて、答えられる人はいません。自分では気づけないから、潜在的なのです。

でも誰かを見て、話を聞いて、共感して、「自分もこうなりたいな」「この考え方は素敵だな」と、本音に気づくことはあるのではないでしょうか。

こちらが想いを込めた話をしていると、それに呼応して、相手の心の奥にしまわれていた願望が磁石に吸い寄せられるように顔を出してくれます。

**刺激を受けたことで、水面下に隠れていた無意識が顔をのぞかせます。**

だから僕は、ときに商談の8割、自分が話すのです。

「言葉になっているニーズに応えた時点で契約は成立しているのだから、別にそれでいいじゃないか」

そう感じた人もいるかもしれませんが、それでは深い信頼関係までは築けません。お客様から「困ったときに連絡するから」と言われてしまう関係どまりです。

一方で**「相手も気づいていないニーズ」を引き出せると、人生やビジネスのパートナーとして、よき理解者として、長く付き合いたいと思ってもらえます。**

これが、本物の信頼関係というものです。

## 観察して、仮説を立てて、勇気を出して実行する

こちらから積極的に働きかけて、相手の「願望」を引き出しましょう。

それは言葉にかぎらず、行動による働きかけも必要です。

とはいえ、闇雲になんでも動けばいいわけでもありません。

ここでも重要なのが、第3章「気遣い」のルールでお伝えした、**「よく観察し、仮説を立てて、行動する」**ことです。

リッツ・カールトンが大事にしていた「小さな工夫」が、まさにそうです。

ホテル時代の僕も、仮説に基づく積極的な提案を大切にしていました。

積極的に働きかけてお客様の願望を引き出す大切さを知った、あるエピソードをご紹介させてください。

ホテル6年目、僕がいたラウンジに一組のご夫妻が来店したときのことです。

メニューを持っていくと、男性の目が不自由だということに気づきました。

視覚に障がいのあるお客様を接客した経験がなかったため、戸惑いながらも、お2人に一冊ずつメニューを出して下がり、様子をうかがっていました。

すると男性はメニューに手も触れず、女性とお喋りをしています。

女性がメニューを閉じ、テーブルに置いたタイミングでご注文を伺ったところ、女性は「アイスコーヒー」、男性も「同じものを」と注文されました。

なんの変哲もない光景ですが、その日の帰り道、僕はずっとひとつのことを考え込んでいました。

「あの男性は、本当にアイスコーヒーを飲みたかったのだろうか……」

リッツ・カールトンのラウンジには、ノンアルコールのドリンクだけでも30種類を超える品揃えがありました。

「本当は好きなものを選びたかったけど、相手の女性に説明させることを心苦しく感じて、女性と同じアイスコーヒーにしたのではないか」

真意はわかりませんが、僕はそんな仮説を立てました。

どうすれば目の不自由なお客様にも楽しんでもらえるのだろう。

考えた結果、「点字のメニュー」を作ろうと決めました。

ですが、簡単なことではありませんでした。

翌日、ホテルの備品を扱う部署に相談したところ、

「メニューを外注すると高額な費用がかかる」

「メニューの更新は頻繁なので、その度に作ることは難しい」

「顧客データを調べても、視覚障がいのあるお客様はほぼいない」といったことがわかり、さすがのリッツ・カールトンでも決裁がおりませんでした。でも諦めきれない僕は、自費で購入した「点字のテプラ」で透明の点字テープを作り、メニューと自分の名刺に貼りました。

しかしそれ以来、視覚障がいのあるお客様は一向にお越しになりません。「やっぱり、需要はなかったのかもしれない」「無駄な努力だったのかもしれない」諦めかけていましたが、ある日、ついにそのときがやってきました。

## 5年越しに叶った「あるご婦人」の願い

それは、ある日の夜のラウンジに、6人の女性がお越しになったときのこと。その内のひとりが目の不自由な方で、ご友人の腕に掴まって席に着きました。来店のお礼を伝え、おひとりずつメニューを手渡していると、そのお客様は申し訳なさそうに「私は目が見えないので……」と言いました。

すかさず「点字のメニューも用意がございます」と差し出すと、お客様はたいへん驚いた様子で手に取り、喜んでくださいました。

さらに嬉しかったのは、その後の光景を見たときです。

「このお酒、面白いね！」「私はこれにしよう」と、目の不自由な方も一緒になって、メニューの話で盛り上がっていたんです。

その楽しそうな姿を見て、思わず目頭が熱くなりました。

しばらく経ってご注文を伺うと、そのお客様は笑顔で「私はチョコレート・ラブ・マティーニを」と注文されました。

食後に挨拶に伺い、点字の名刺をお渡しすると、「こんな対応をしていただけるなんて思ってもみませんでした」と、満面の笑みでお礼も言っていただきました。

そして、続けてこう言われました。

「ずっと来たいと思っていたんですが、ひとりで行くには敷居が高くて、でも友達と行って迷惑をかけるのも嫌で……」

同行者に迷惑をかけるかもと心配しているうちに、5年が経っていたそうです。

データを見て需要がないとばかり思っていましたが、そうではありませんでした。

**「行きたくても、行けなかったのだ」**

それがわかり、申し訳なさでいっぱいになりました。

それでも、そのお客様は最後に笑顔で言ってくれました。

「来てもいいんだってわかりました。だから、また必ず来ます」

この言葉は、今でも僕の心に残っています。

ご夫婦で訪れたあの目の不自由な男性は、しかたなくアイスコーヒーを頼んだのか。真意はわかりません。ですがそこから仮説を立て、点字のメニューを作って提案したことで、ひとりのお客様に思いがけない感動を与えることができました。

お客様の要望が、つねに言葉に表れているとはかぎりません。

言いたいけど、言い出せないこと。提案されて、初めて自分がそれを求めていたと気づけること。さまざまな形があります。

「この人は、こういうことに困っているんじゃないかな？」

「こういう願望を抱いているんじゃないかな？」

相手の言動を観察して仮説を持てたら、**たとえ言葉には表れていなくても、こちらから積極的に働きかけていく。**

これが、心を動かすためには欠かせないことなのです。

## 6年間で気づいた、感動が生まれる「仕組み」

「人はどんなときに感動するんだろう?」

リッツ・カールトンで働いていた6年間、僕はつねに考えていました。

わかったのは、**感動とは「期待とのギャップ」だということです。**

お客様の感動は与えた価値の大きさではなく、その意外性によって決まるのです。

先ほどの目の不自由なご婦人は、点字のメニューをもらえたから嬉しかったわけではありません。**それが予想外だったから、感動したのです。**

事前にお電話で点字のメニューの問い合わせを受けて用意していたとしても、それは「言われたことをやっただけ」であり、感動は生まれなかったでしょう。

友達に迷惑をかけるかもしれないという不安のなかで、まったく予想外のできごとが起きたから、感動していただけたのです。


「サービスとホスピタリティの違いはなんですか？」

セミナーや講演で、よくいただく質問のひとつです。

似た印象のある言葉ですが、僕のなかでは明確に定義があります。

**サービスは「約束を果たすこと」、ホスピタリティは「勝手にすること」です。**

たとえばレストランに行き、メニューにある「ジントニック」を頼んだとします。

そして、ジントニックが出てくる。これがサービスです。

一方で、ホスピタリティは違います。

約束もしていなければ、お客様から頼まれたわけでもありません。

でも喜んでもらいたいから、お客様の名前や趣味を覚えたり、お誕生日だとわかればデザートプレートに「Happy Birthday」と書いてお出ししたりします。

ときには「余計なことをするな」と言われ、裏目に出ることもあります。

ホテルマンとして未熟だった頃、甘いものが苦手なお客様にサプライズケーキを出して怒られたこともあります。

同僚に聞いたら、みんなはそのお客様が甘いものが苦手なのを知っていました。だから僕のやり方はダメでしたが、「お客様に何かしたい！」という気持ちは間違っていないと、上司は言葉をかけてくれました。

やらないよりも、やることで「リスク」が生じます。

それでも**自分がそうしたいと思ったから「やる」。**これがホスピタリティです。

その後で、適切な「やり方」を考えればいいのです。

## 相手の願望を映し出す「鏡」になれ

予想外の提案によって、人は初めて「自分の願望」に気づき、感動します。

僕が「リッツ・カールトンで働きたい」という願望に気づけたのも、『サービスを超える瞬間』という本を読み、そこに登場する人たちに心が動いたからでした。

その願望に気づいた僕は、内定をいただいていたコンサルティング会社に内定辞退の電話をしました。まだリッツ・カールトンに入社できると決まったわけでもなく、無職になってしまうにもかかわらずです。

そんなリスクすら些細に感じる願望が、一冊の本によって引き出されたのです。

本には「接客は楽しい仕事だ！」「やらないと損をする！」なんて一言も書かれていませんでした。

読み進めるうちに、そこに自分の姿が重なり、**まるで鏡のように自分の願望が映し出されて、自分でも止めようがなくなったのです。**

「言葉になっているニーズ」に応えるのは、サービスです。

相手も気づいていない「潜在的なニーズ」に応えることこそホスピタリティです。

ヒアリングしていても、お客様の心の奥に眠った願望は出てきません。

自分の想いを語ったり、予想外のおもてなしや提案をしたり。

こちらから積極的に働きかけることで、「そうだ、これを求めていたんだ」と、お客様自身が自分の願望に気づきます。

ニーズを聞き出すのではなく、ニーズに気づかせてあげる。

**お客様の心に隠れた願望を映し出す「鏡」に、あなたがなるのです。**

お客様に期待されていないときこそチャンスです。

サービスや商品には期待してくれますが、「それ以外に何かある」なんて、誰も期待していません。求められている期待にはしっかり応えつつ、そのうえで、**期待されていない部分で積極的な提案をしてみましょう。**

「予想外」であり「お客様にとって嬉しい」ことであるのが重要です。ただの値引き提案や、自社都合のオプション提案などでは感動が生まれないことは明白です。

もちろん、できるかぎりの情報を集め、仮説を立てることも忘れてはいけません。

でも、それでも喜んでもらえる確証を得られないこともあります。

そんなときは覚悟を決めて、やるしかありません。

前例があろうとなかろうと、関係ありません。

仮説がたとえ外れていようと、裏目に出ようとも、関係ありません。

喜んでもらえないかもしれませんが、やらなければ何も起こりません。

ただ目の前の人を喜ばせたい、自分がやりたい、だからやるんです。

ときには間違えるリスクをとり、お客様の期待を裏切る提案をしてみましょう。

そのチャレンジが感動を生みます。


お客様は商品やサービスを買って、感動するのではありません。

**提案の内容に、そして提案するあなたの真剣な姿に、感動するんです。**

そうして心が動いたから、行動が起こります。

お客様自身が願望に気づいてから満たしていては、遅いのです。

そして本当の願望に気づけた感動とともに、そのきっかけとなったあなたのことも、お客様の記憶に強く残ることでしょう。

# RULE 05

# 素朴な「鏡」へと姿を変える

お客様の心に隠れている
「本当の願望」を満たすから、
感動が生まれる。
そのためには自ら積極的に働きかけ、
相手の願望を映し出す鏡になる。

第 6 章

# 「無駄」を追究して効率化を実現する

## ――「効率」のルール

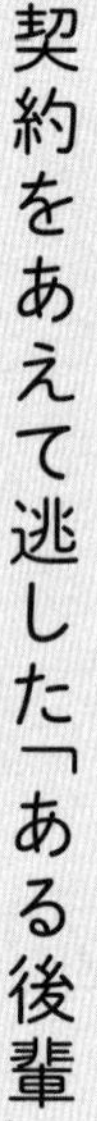

# 契約をあえて逃した「ある後輩」

アメックスの営業時代、面白い後輩がいた。
ディズニーランドのキャストをやっていたこともある、
お客様を喜ばせることが大好きな人だった。

そんな彼が、ある日の営業会議で上司から叱られていた。
どうやら地方出張したところ、
契約をいただけず手ぶらで帰ってきてしまったようだ。
出張には費用もかかるため、
基本的には契約の確証がある場合のみ許可がおりる。
なので、契約はもらえて当然。
これには上司が怒るのもわかる。

「何のために行ったんだ！　経費もかかってるというのに」

上司の叱責に対して、彼はこう答えていた。

「はじめは契約確約だったんです。でも、お客様と話しているうちに、もっといい提案を思いついてしまいまして。

その話をしたところ先方の担当税理士も交えた協議が必要となり、即決いただけなかったんです」

上司は「そんな無駄なことしなくていい！」と、さらにお怒りに。

結局最後は、「以後は気をつけます」と、その後輩が上司に謝罪して叱責は終了した。

彼が心配になり、僕は営業会議の後、その後輩に話しかけてみた。

すると、やっぱり彼は納得していなかった。

ちなみに、そのお客様は、後に無事成約になった。

それも、当初の提案内容よりも金額が高い内容で。

# 「結果を出せない人」が最初に指導されること

アメックスでは営業の個人成績が毎日発表されていました。

発表されると、みんな血眼になって自分の順位を確認します。

営業の世界では当たり前の光景ですね。

そんななか、入社当初の僕は成績最下位の落ちこぼれ。

「なんだ！　この成績は！」と、いつも上司に叱られてばかりでした。


こんな人が最初に指導されるのが、仕事の「効率」についてです。

なぜなら「下手な鉄砲も数撃てば当たる」から。

契約につながる確率が低いのなら、成果を出すには1件でも多く電話をかけ、足を運んで「数」を増やすしかありません。テクニックは一朝一夕では身につきませんが、アプローチ数を増やすのは、やる気と根性があればすぐにできます。

だから成績が出ていない人に対しては、まず数を増やすための指導が入るのです。

つまり、**無駄な作業を減らし、業務を効率化することです。**


当時の上司は、僕にスケジュールを管理している手帳を提出するよう言いました。

予定を確認した上司が決まって聞いてきたのが、「これは何のアポ?」です。

成果に直結しない無駄なアポだと判断されると、またお叱りを受けます。

「お客様と関係を深めるためのアポです」なんて言おうものなら、「そんな無駄なことはやめろ!」と、よく叱られていました。

お客様と関係性をつくったところで、契約につながる確証なんてありません。

そんな不確かな活動をする暇があれば、1件でも多く電話をかけて「今日の1契約」を追ってほしい。そう考えるのが上司としては当然でしょう。


ですが僕は、その上司のやり方に違和感を抱きました。

**効率化こそ、成果を遠ざける非効率な方法だと感じていたからです。**

そのきっかけは、効率化によって招かれた、ある失敗でした。

## 効率化が招いた当たり前すぎる「お叱り」

営業になりたての頃は、上司に言われたとおりに効率化を心がけていました。契約に直接的にはつながらない業務を、いかに時間をかけずにこなすか。そして営業活動の時間をどれだけ増やせるか。そればかり考えていました。

とくに効率化を意識していたのが、資料の郵送です。

当時はテレアポ以外に、企業にまずは資料を送付して、後から電話でフォローして商談に持ち込むという営業手法がありました。

アポイントや面識があるわけではなく、いわゆるDMのような感じのため、資料を送ったからといって商談につながるケースは多くありません。

だからみんな、手間をかけたくなくて、つい手抜きで送ってしまうんです。

ところがあるとき、すでに資料を送った企業に商談を提案しようと思い電話したところ、先方からこんな言葉を言われました。

「かすれたペンで宛名を書かれていますが、もっと気を遣った方がいいですよ」

「このアルファベット何？　ちゃんとわかる名称で書いた方がいいですよ」

僕は長い社名を省略し、部署名も社内で使っている略語で記載していました。

僕だけじゃなく、多くの営業がやっていることでした。

なので正直なところ「たったそれだけのことで……」と、反感を覚えました。

でも、お客様目線で冷静に考えると、おっしゃるとおりですよね。

その日から、僕は自宅に毎日のように届くDMをじっくり観察してみました。

すると、会社名はハンコで押され、担当者の苗字だけが書いてあったり、開封させるためにあえて会社名を記載していなかったりと、さまざまなものがありました。

そんなDMを見て、僕は「信用できない」と感じました。

相手に読みやすい文字で、ちゃんとわかるように書く。**そんな当たり前のことさ**

**えできない営業が、丁寧な仕事をしてくれるとは思えません。**

僕が客だったら、そんな営業は話を聞くのも嫌だなと、素直に反省しました。

その気づき以来、会社名も部署名も正式名称で丁寧に書いて送るようにしました。

すると、思いがけない効果がありました。

書類を送ったお客様に電話をかけたときのことです。ひとしきり話したところで、「福島さんはやっぱり誠実な人ですね。資料を送ってくれた封筒の字を見て、誠実そうな人だなと思っていたんです」と言われたのです。

そのお客様は東北在住の方で、その後、東北地域で紹介営業を広める起点ともなっていただけました。

効率化を追い求めれば、たしかに作業は早く終わります。

しかし**「雑さ」によってお客様が遠ざかるため、本来の目的を達成するうえでは非効率になってしまうのです。**

この経験以降、僕は効率化を追い求めるのをやめました。

# お客様だって「その他大勢」にはなりたくない

営業の世界では、「契約につながらないこと＝無駄」と言われるのが一般的です。ですがお客様目線で考えれば、そんなことはありません。契約につながるかどうかなんて関係なく、自分への対応はすべて丁寧におこなってほしい。そう考えるのが普通です。

**効率化なんて、売り手側の都合でしかないのです。**


「その他大勢の扱いなんて受けたくない」

「自分のためだけに丁寧な仕事をしてほしい」

これが、お客様の本音です。営業にとっては、たとえ１００人いるお客様のうちの１人だとしても、１００分の１の対応で良いはずがありません。

営業が「その他大勢の営業と同じに見られたくない」と思っているのと同じで、

**お客様も「その他大勢の客と同じ扱いを受けたくない」と思っているのです。**


僕の経験を紹介しましたが、同様の効率化をしている人は多いと思います。

郵送物を送るとき、宛名や直筆の文字を雑に書いていないでしょうか。

自社名や部署を、略称で書いたりしていないでしょうか。

会社名や名前のハンコをつくって押すだけで済ませていないでしょうか。

糊付けではなく、セロハンテープで封をしていないでしょうか。

切手を適当に貼り、位置がズレたりしていないでしょうか。

効率化によって表出した「手抜き」に、お客様は必ず気づきます。

一方でこれらの点は、**少しの手間をかけて丁寧にやることで、簡単にお客様に印象を残せるチャンスでもあります。**

第2章でお伝えしたとおり、他者と差をつける第一歩は「みんなやっているけど、こだわっていないものを見つけて、工夫する」ことです。

僕を反面教師にして、自分の業務に「手抜き」がないか考えてみてください。

## リッツ・カールトンのお客様にいちばん喜ばれた「贈り物」とは

効率化をやめて丁寧な仕事を心がけることは、成果に対して遠回りすることではありません。むしろ、もっとも効率の良い方法なのです。

なぜならお客様は、**「手間」という価値を何よりも喜んでくれるからです。**

リッツ・カールトンの全従業員には「一日2000ドルまで使える決裁権」が与えられています。しかも、上司の許可なく自分の判断で使える権限です。

これは、お客様トラブルの解決や、サプライズへの対応を想定したものです。

たとえばお客様から「今日は結婚記念日」と伺ったとき、僕たちはメッセージが描かれたケーキと、ときには新しいシャンパンをお出しししていました。

グラスとはいえ、ホテルでの販売価格は一杯3000円近く。普通なら上司の許可が必要です。ですが感動には賞味期限があります。わざわざ上司に許可をとっていたら、ベストなタイミングを逃してしまいます。

サプライズにもスピードが重要だと理解していたからこその決裁権でした。

でも僕は、この決裁権をさほど使いませんでした。

なぜならリッツ・カールトンにいらっしゃるお客様の多くは、お金をかけたサプライズよりも、**ちょっとしたワガママにこたえてくれるといった「手間」に喜びを感じてくれる方が多かったからです。**

そんなお客様のなかで、とくに記憶に残っているのが、病院をいくつも経営しているYさんです。いろんな名ホテルを利用しているため見る目が厳しく、「君、まだまだだな!」とご指摘いただきながらも、週に一度は通ってくれる常連でした。

そんなYさんは決まって、あるスコッチの18年物をボトルキープして、「もう1本入れておいて!」と豪快に飲んでいました。

あるとき、Yさんの誕生日が近いと知った僕たちは「お誕生日プロジェクト」を発足させました。例の決裁権を使って派手なことをしようという案もでましたが、先述のように、周りのお客様の目も気にしなくてはいけません。

結局選んだのは、Yさんがよく使っているグラスにお名前を彫ってプレゼントするという、とてもささやかな方法でした。

そこで休みの日に同僚数人と、都心から電車で1時間半ほど離れた街にある工房を訪ねました。誕生日まで日数がなく、予約なしの当日持ち込みで対応してくれるのが、この工房だけだったのです。

できあがりまでに要した時間は、なんと6時間。グラスを受け取ったときには、辺りはもう真っ暗でした。

そして訪れた、Yさんの誕生日。

「いつものちょうだい」の言葉を待ってウイスキーのボトルと、例のグラスをお持ちし、「なにこれ?」と気づいてくれたところでお祝いの言葉をお伝えしました。「気に入ったよ!」くらいは言ってくれるかなと期待していましたが、結果は想定外。Yさんは目頭を熱くして、「本当にありがとう」と感激してくれたのです。

帰り際、Yさんからは「あれ、作るの大変だったでしょ?　本当にありがとう」と、あらためて感謝の言葉をいただきました。

# この世界でもっとも価値のあるもの

Ｙさんとは、ホテルを辞めて10年が経った今でも、プライベートで仲良くさせていただいています。

あのとき、決裁権を使って「バカラ製の高級グラス」をお渡ししても喜んでくれたことでしょう。でも、それでは感動まではしてくれなかったと思います。

僕たちがかけた手間が伝わったことで、**「忙しいなか、自分のためにここまでしてくれたのか」**と、心が震えたのです。

誰もが忙しく働き、生きている今の時代、**もっとも価値があるのは「時間」です。**

あなたの１分は、はたして２０００ドルを払えば返ってくるでしょうか？

いいえ、１００万ドルをかけたとしても、１分１秒たりとも返ってはきません。

時間は誰もが均等に持っていて、誰もが平等にその価値を感じられるものです。

だから時間をかけた丁寧な対応こそが、相手にお渡しできる最大の価値なのです。

それを教えてくれたのが、リッツ・カールトンのお客様たちでした。

効率化を追い求めず、一人ひとりのお客様と丁寧に向き合いましょう。

会社からしたら「無駄」に見えることだとしても、お客様は**「この人は自分のことをその他大勢ではなく、時間をかけるべき存在として見てくれている」**と感じてくれます。

大切に扱われていると実感して、あなたへの信頼度が増すのです。

## 丁寧な対応を邪魔する「最大の天敵」とは

時間をかけた丁寧な対応を、阻害する要因があります。

**「めんどくさい」という意識です。**

正直言って、丁寧な対応はめんどうです。時間をかけるのですから当然です。

忙しいときなどは、なおさらです。たとえば飲食業であれば、金曜日の夜は絶え間なくお客様が来店します。毎回「いらっしゃいませ！」と対応していると、飲み物を運ぶことさえままならなくなります。飲食店でアルバイトしていた頃の僕も、新規のお客様が来たとき、つい見て見ぬふりをしたことが何度もありました。

一瞬でもお客様のほうを見て「いらっしゃいませ！　すぐうかがいますので少々お待ちください」と一言かけるだけで、印象はグンと良くなるはずです。

僕がお客様の立場なら、「ちゃんと認識してくれている」と感じて安心できます。

でも、していなかった。なぜなら「めんどくさい」から。

営業でも同じです。

商談中に「この説明もしたほうが喜ぶかも？」と思ったり、「この件、連絡しておいたほうがいいかも」と気になったり。

そうしたほうが良いとわかってはいながら、「でもこの話をすると、質問が増えて商談の時間が延びる……」「電話やメールの往復が増えて、手間がかかる……」「必須じゃないし、やめておこう」と考え、やめたことは何度もあります。

なぜなら「めんどくさい」から。

ですが、**こういった「ひと手間」を怠ったことで、大きなトラブルに発展することも少なくありません。**

僕も何度後悔したことでしょう。「あのとき、たった1本でも連絡を入れておけば……」と、

サービスをする側、営業をする側の人は、じつはお客様がされたら喜ぶことを、ちゃんとわかっているのではないでしょうか？

でも、**めんどくさいからやっていないだけなのでは。**

つまり問題は、時間がないとか技術がないとかではなく、精神的な障壁なのです。

## リッツ・カールトンを成功に導いた「地味すぎる戦略」

「めんどくさい」という意識を手放せたとき、すべてのお客様に対して丁寧で誠

実な対応ができるようになります。

ここに勝機を見出したのが、リッツ・カールトンでした。

今では「ホスピタリティに溢れたホテル」として知らない人がいないほど有名になりましたが、大阪の梅田に日本第一号店ができた頃、日本での知名度は決して高くはありませんでした。「リッツ・カールトンです」と名乗っても、「はい?」と聞き返されることばかりだったそうです。

そんな状態から、どうやって成功することができたのか。

以前、当時の日本支社長である高野登さんに聞いたことがあります。

すると高野さんは、「それはね、めんどくさいことを全部やったからだよ」と一言。開業前に大阪中のホテルを回ったところ、感動するポイントもあれば、「もっと、こうだといいのに」と物足りなさを感じるポイントも見つかったそうです。

高野さんは「きっとめんどうだから、みんなやっていないのだろう」と考え、その物足りなかったことを全部やってみたそうです。それが成功の秘訣でした。

それくらい、**誰もが「めんどうだ」と思っていることを丁寧にやる**というのは大事なのです。

たとえばリッツ・カールトンは、「お客様を名前で呼ぶ」ことを徹底しています。お客様がお帰りになる際はお店の出口まではなく、その外のエレベーターまでお見送りすることも何度もありました。

これは、何か資格がないとできないことでしょうか。ホテルでの長い経験やスキルがないとできないことでしょうか。

そんなことはないですよね。新人スタッフであっても、**やろうと思えば誰でもできることです。**そんなことでも、お客様はとても喜んでくれます。

「誰でもできる、めんどくさいことを全部やる」

これが、リッツ・カールトンのホスピタリティの根底にある精神なのです。

みんながやっていないことをやるのですから、お客様の記憶にも残ります。

この章の冒頭で紹介した僕の後輩も、そうでした。

わざわざ出張で来た時間が無駄になるというのに、また連絡や商談が必要になるというのに、それでも新たな提案をしてくれた。

すぐに決められたはずの契約を、より良いものにしてくれた。

そんなことをすれば上司に怒られ、評価が下がるかもしれないのに、こちらのことを考えて誠実な提案をしてくれた。

言葉にして伝えなくとも、お客様は感じとります。

そんなリスクをとってまで面倒なことをする営業は、他にはいません。

だからお客様の記憶に残り、信頼されたのです。

僕も最初は、とても面倒なことからスタートしました。

「お客様のお誕生日に、生まれ年の切手を貼った手紙を出してみる」

「喫茶店での商談用に、マイコースターを用意してみる」

周りから無駄だと言われても、小さな手間を地道に繰り返していきました。

でも、それがいちばん簡単で確実な方法です。経験や能力は必要ありません。ただ**あなたの持つ最大の価値、「時間」をかけてあげるだけです。**

お客様に喜んでもらえると思ったことは、たとえ面倒でも実行しましょう。

その手間が伝わったとき、相手の心が動きます。

## 本当に「無駄」なことって、それほどない

あなたの意識が変わったとしても、会社や同僚は変わらず「効率」を押しつけてくるでしょう。

交流会に出始めたとき、僕の考え方は会社の誰にも理解されませんでした。実際、当初はテレアポに専念していた頃よりも成績が下がっていきました。だから会社にいると「無駄なことしてないでテレアポやれよ」と諭(さと)されました。

ですが先述したように、少しずつですが結果が出始めました。

「今度会社を作るので、法人カードの相談に乗ってください」「後輩のカードの相談に乗ってもらえませんか?」と、相談されるようになってきたのです。地道に交流会に足を運んで人と会ってきた成果です。

それに、紹介されたお客様は初めて会ったときから「○○さんの紹介」という関係性ができているため、商談の成約率はテレアポしていた頃の倍以上でした。

さらには交流会に参加していたことで、僕はさまざまな業界、業種の人と会い、自社以外の知識も豊富になっていました。どんな職業の方を紹介されても、その仕事のことをふまえてお客様のニーズに応える力が身についていたのです。

「以前お客様と同じ業種の方に出会ったのですが、こんな取り組みをしていましたよ」と、事例やアドバイスをお伝えすることすらありました。

「すべてのことには意味がある」なんて言葉もありますが、これは本当だったんだなと実感しました。

こう考えると、本当に「無駄なこと」って、それほどありません。たとえ他人の目には無駄に映ったとしても、その過程で得られるものが必ずあります。

だから、**どれだけ周囲に「無駄だ」と言われようとも、それがお客様のためであり、信念を持っておこなっていることであれば、続けた方がいいと思います。**

自分なりの意味を持った行動は、絶対に無駄なんかではないのです。

もし本当に無駄なことがあるとしたら、それは**「自分も、お客様も嬉しくないこと」**でしょうか。たとえば営業なら……。

会社に命じられてやっている、自分でも無意味に感じるテレアポ。

ほしいと思っていないお客様に、何度も無理にアプローチすること。

会社都合のセールストークやスクリプトを頑張って覚えること。

もちろん、苦手なことが好きになることもあります。でも、自分で納得していないことをいくら努力しても、並みの成長や結果にしか結びつきません。

だから自分が嬉しくないことは、やめてもいいと思います。

## 「無駄」という、魅力に溢れた人になろう

周囲には無駄だと言われるけど、なぜかやってしまう。やらないと自分が心地よくない。その背景には、その人自身の個性や価値観が隠れています。

**「無駄だ」と言われたことをやめてしまうのは、知らず知らずのうちに自分の個性や価値観を否定することにつながってしまいます。**

もしも「無駄」と言われたときは、「なぜ自分はその行為をしたんだろう」と考えてみてください。そこに隠れた個性や価値観を発見し、むしろ、どうすればもっとお客様に伝えることができるかを考えて実践してみましょう。

無駄の奥に隠れた個性や価値観こそ、あなただけが持つ強みです。

それが他の営業とあなたを分ける「ブランド」の原石になります。

トップ営業が別の業界に転職しても成果を上げ続けられるのは、自分自身をブランドとしてお客様に認知してもらうノウハウを持っているからです。

会社名や商品、サービスだけが、ブランドではないのです。

ブランドの語源は、家畜への焼き印を意味する古ノルド語の「Brandr」だと言われています。自分の所有している家畜がどの個体なのかを識別するための印です。

つまり、**「他との違い」**です。

「無駄」を排除し、効率を極めた先に行き着く場所は、みんな同じです。

そこに集まるのは、**個性や価値観を失った「無色透明な人間」です。**

あなたが目指したいのは、そんな集団の一員ではないはずです。

お客様に違いが伝わらなければ、あなたである必要性はありません。

残念ながら「その他大勢」に分類され、記憶に残ることはないでしょう。


ブランドを決めるのはお客様ですから、「私はこういう人間です！」と主張しても意味はありません。

自分が「こうしたい」と思える無駄を追求した結果、「福島くんは○○だね」と、お客様のほうからブランドを感じてくれるのです。

僕は今でも、他人の批判が怖いです。「無駄だ」なんて言われたら傷つきます。

でも効率を求めてばかりだと、いつまで経っても自分らしい営業にも、記憶に残り「あなただから」と選ばれる存在にもなれません。

みなさんも勇気を持って効率を捨て、意味のある無駄を追究してみませんか。

それが、お客様に信頼され、結果を出すためにもっとも効率の良い方法なのです。

# RULE 06

# 「無駄」を追究して効率化を実現する

お客様は、自分のためにかけてくれた
「手間」に喜びを感じる。
たとえ無駄だと言われても、
誰もやらないめんどうで丁寧な対応こそ、
信頼を得るためにもっとも効率的な方法。

# 第 7 章

# 「感謝」の方法を決めない

## ——「感謝」のルール

# リッツ・カールトンにいた「優秀な営業」

リッツ・カールトンのラウンジには、いろんなお客様がお越しになる。
ときには自社の社員が、お客様との打ち合わせで利用することも。
そういった社内の利用者で、今でも記憶に残っている人がいる。

その人は、20代後半のKさん。営業部の爽やかな男性だ。
お客様と訪れたKさんを予約されていた席へご案内すると、
いつも「よろしくお願いします！」と爽やかに挨拶してくれる。
1時間ほどの打ち合わせが終わると、
Kさんは入り口のスタッフへ「ありがとうございます」と伝え、
お客様をエレベーター前までお見送りする。

ほとんどの人は、このまま自身の部署へと帰っていく。

でも、Kさんは違った。

お客様を見送った後、ずっとラウンジの入り口に立っていて、僕と目が合うとササっと近づいてきて、こう言うのだ。

「今日は素敵なサービスをありがとうございました。おかげさまで、良い打ち合わせになりました！」

僕が「どういたしまして！」と応えると、Kさんは「では！」と、颯爽と営業部のあるオフィスへ戻っていく。

もちろん、それは僕以外の人に対しても同様だ。

毎回、担当ウエイターに感謝の言葉を直接伝えて帰っていった。


あるとき、思わず質問してしまった。

「Kさんは、なぜいつもお礼を言ってくれるんですか？」

すると、こんな答えが。

「僕がウエイターだったら、直接お礼を言われたら嬉しいかなと思って」

Kさんが成績優秀な理由が、僕はわかった気がした。

# 相手にとって「特別な存在」になる方法

「どうすれば、リッツ・カールトンで特別扱いしてもらえる客になれますか？」

これは、ホテル時代に何度かいただいた質問です。

みなさんなら、どう考えるでしょうか。

何度も通い、スタッフとも顔見知りのＶＩＰ客になる？

ルームサービスやラウンジを何度も利用するなど、多くのお金を使う？

たしかに、大金を使ってくれる人や常連のお客様はホテルにとってありがたい存在です。「お得意様」として手厚いサービスを受けられるでしょう。

でもサービスする側の心理としては、お得意様だからといって心の底から特別扱いしたくなるかというと、そうではありませんでした。

いくらお金をたくさん使っていただけるお客様であっても、「使ってあげている」という態度が見えると、本心からサービスしたいとは思えないのです。

一方で、お得意様でなくとも、つい特別扱いをしたくなるお客様もいました。

それは、**感謝を伝えてくれる人です。**

大金を使ってくれる人でなくても、頻繁に通ってくれる人でなくても。

たった一言、「ありがとう」と心を込めて伝えてくれるだけで、僕たちホテル側はもっとサービスしたくなります。

**相手にとって特別な存在になるために必要なのは、感謝されることよりも、感謝することな**のです。

## 独りよがりだった僕を変えた後輩のキツい「ひと言」

とはいえ、言葉で言うのは簡単ですが、実際は難しいことです。

じつはかつての僕も「感謝」ができない人間でした。

ホテル時代の僕は、理想主義の塊でした。

「リッツ・カールトンのサービスは、こうあるべきだ！」と理想をかかげ、少しでも反する後輩がいると「なにやってるんだよ！」と厳しく叱責していました。

たとえばアルバイト初日のスタッフにテーブル番号を尋ね、相手が少しでも悩むと「君は今日からここで働くことを何日も前から知っていたよね？　どうして覚えてこない？」と、今考えるとパワハラとも言える態度を取っていました。

相手の事情はおかまいなしに、自分の理想を押し付け、指示や命令で動かそうとする。独りよがりな酷い先輩でした。

そんな僕を「他人に感謝できる人」に変えてくれたのは、ある後輩の言葉です。

ある日の退勤後、後輩を誘って飲みに行った際、当時期待していた別の後輩の誕生日サプライズについてみんなに意見を求めました。

すると、お酒が入った後輩のひとりが真顔でこう言いました。

**「特別なこともいいけど、福島さんはもっとみんなに感謝したほうがいいですよ」**

この言葉は衝撃でした。僕が厳しくしていたのは、みんなに成長してほしかったからですし、それに感謝もしていたつもりだったからです。

一気に酔いが醒めた僕は、帰りの電車で初めて自分の態度を省みました。

そして「後輩の言うとおりだな」と、腑に落ちたんです。

その後輩には「福島さんは納得しないレベルかもしれませんが、みんな自分たちなりに頑張ってるんです」とも言われました。

そこで翌日から、周囲の行動をよく見て、意識的に感謝するようにしてみました。ゴミを拾っている後輩に、「いいね！　よく見てるね」。おしぼりを綺麗に巻いてくれている人に、「ありがとう。いつも綺麗に巻いてくれて助かるよ」と。

すると後輩も、「このおしぼり、傷んでいたのでよけていいですか？」と、自発的に提案をくれるように。他にも「こういうことをしたいんですが……」と、サービスの提案をくれる人が急増しました。

**感謝されるようなことをするよりも、小さな感謝を伝えることで人の心は動くのだと、僕はこのとき学びました。**

# 「すべての人」に、感謝を伝えているだろうか？

営業時代の僕も、自分からお客様に感謝を伝えるように意識していました。するとお客様も、こちらを特別な存在として見てくれました。

「感謝するなんて、当たり前じゃないですか」

ここまでの話を聞いて、こう感じた方もいることでしょう。

たしかに、お客様に感謝をちゃんと伝えている人は多いかと思います。

でも、ちょっと待ってください。

お客様の会社の受付の人にも、ちゃんと感謝を伝えたでしょうか？

オフィスや会議室まで案内してくれた人には？

場所が喫茶店なら、お茶を出してくれた店員さんにも感謝を伝えたでしょうか？

目の前のお客様に感謝を伝えるのは、当たり前のことです。

大切なのは、**すべての人に感謝を伝える意識を持つことです。**

その大切さを実感した、ある出来事があります。

営業3年目にもなると、僕はその日に関わったすべての人に感謝を伝える意識を持つようになっていました。

ある日、夜遅くに訪問先を出て帰社する途中、電車に揺られながら「感謝を伝え忘れた人はいなかったか？」と、その日の出来事を振り返っていました。

するとひとりだけ、感謝を直接お伝えできていない人がいたことに気づきました。

僕は法人営業なので、商談の7割はお客様の会社でおこないます。

5分前を目安に到着し、入り口で名乗ると、受付の方が出てきてくれて応接室に通されます。椅子に腰かけて待っていると、先ほどの受付の方、もしくは事務員さんが「どうぞ」と、お茶やコーヒーを持って来てくれます。

「いただきます」と伝えて飲んでいると社長がお越しになり、商談が終わると、お茶のお礼を社長に伝えて、空いた湯呑を机の端に寄せて帰る。

法人営業の会社訪問は大体こんな流れかと思います。

その日に訪問した会社でも、同じ流れで商談を終えました。ですが、**お茶を下げ**

**てくれた事務員さんに感謝をお伝えできていないと、気づきました。**

僕は飲食業出身ということもあり、ランチでも飲み会でも、最後には「ごちそうさまでした」と、料理を作ってくれた人やサービスしてくれた人に感謝を直接伝えないと気がすまないんです。

だから、お茶を出してくれたときに「ありがとうございます」と伝えていても、帰り際に「ごちそうさまでした」と言えていないことが気がかりだったのです。

## お客様の心を動かした「隠されたメッセージ」

事務員さんとは名刺を交換しないことがほとんどなのでメールもできないし、電話をかけたり手紙を送ったりするのも大袈裟すぎて気味悪さを与えてしまいます。

どうすれば、お茶を下げてくれる事務員さんに感謝を伝えられるのだろう……。

考えていると、ある方法を思いつきました。それはホテル時代、お客様から名前を聞かれたときにだけ渡していた「手書きの名刺」です。
「これが使えるぞ！」とひらめいた僕は、無地の名刺用紙を小さな正方形に切り、「美味しいお茶を出してくださり、ありがとうございました」とメッセージを書きました。そして、**次回訪問時の帰り際に、茶托（ちゃたく）（お茶碗を載せる受け皿）の下に隠して帰りました。**

するとその帰り道、先ほどまで打ち合わせをしていた社長から電話がかかってきました。忘れ物でもしたかと思い「どうかしましたか？」と電話に出ると、社長は開口一番に「福島さん、ありがとう！　うちの従業員にメッセージカードを書いてくれたでしょ！」と言うではありませんか。

事務員さんに読んでもらうためのカードを、どうして社長が……？

驚きながらもわけを聞くと、カードを見つけた事務員さんが社長に「こんなカードをいただきました！」と、報告したそうです。

自分だけでなく、自分の大切な人を大切にされたときも、人は大きな喜びを感じます。社長にも喜んでいただけて、商談も円満にまとまりました。

## お茶の下に隠したメッセージの予想外な反響

さらに驚きなのが、この「お茶の下のメッセージカード」が思わぬ反響をいただいたことです。

オーダーメイド型のウエディングを手掛ける、とある会社があります。式場などの箱を持たず、企画・オペレーションのみを実施する会社です。

式場を借りにさまざまなホテルやレストランに営業へ行くそうですが、「場所だけ貸す」というビジネスモデルに共感してもらえず、当初は苦戦していたそうです。

その会社で新規開拓をしていたのが、笑顔が素敵な50代の男性でした。

僕は会食でその方と出会い、「お茶の下のメッセージカード」の話をしたところ、それから数ヶ月後、彼から突然お礼の連絡が来たんです。どうやら東日本の大きなホテルと契約が決まったとのこと。その経緯を聞いて驚きました。

彼がそのホテルに営業に行ったのは、冬の寒い日。

宴会場の担当者が温かいコーヒーを出してくださったことが嬉しく、帰り際に「本日は美味しいコーヒーをありがとうございました。冷えた体も心も温まりました」と、例のメッセージカードをソーサーの下に忍ばせて帰ったそうです。

すると数日後、そのホテルから連絡が入り、**なんと彼のことを社内で表彰したいと言われたのです。**そのホテルでは素敵なサービスを実践した社員を表彰する制度があり、彼はその賞を、部外者でありながら受賞したのです。

彼が置いていったメッセージカードに商談相手が感動し、その報告を受けた上司、そして運営会社の会長の目にもとまり、感動されたとのことでした。

嬉しそうに報告してくれたその営業の方は、それから数年後、ご病気で急逝されました。もうお会いすることはできませんが、満面の笑みで報告してくれたときのお顔を今でも鮮明に覚えています。

その後も、「お茶の下のメッセージカード」は多くの人に真似していただき、噂が噂を呼んでか、ビジネス雑誌でも取り上げていただきました。

# 「仲間」に感謝できない人がお客様に信頼されるわけがない

目の前のお客様だけでなく、関わるすべての人に感謝を伝えましょう。

当然、それは「社外の人」にかぎりません。

社内の同僚だって、会社を出たらひとりの人間です。身内だからといって感謝しなくていいわけがありません。

**近しい人にも感謝できない人が、お客様や、ご紹介いただいた方に感謝なんてできるはずがありません。**

ですがアメックスの営業時代、僕はその点に大きな課題を感じていました。

当時は大きなオフィスだったので、契約をしている清掃会社のスタッフさん約10名が定期的にフロアを清掃してくれていました。

各席に置かれているゴミ箱を清掃員さんが順番に回収してくれるのですが、「ありがとうございます」も「お疲れ様です」も言えない営業が多かったのです。

これでは、お客様に感謝できる営業になれるはずがない……。

強い危機感を抱いた僕は、策を考えることにしました。

「清掃員さんに感謝しましょう」と押し付けても、何の解決にもなりません。

清掃員さんが喜んでくれて、営業も自発的にやりたくなる方法はないか……。

悩みながらラーメン屋に入ったところ、運命の出合いが待っていました。ラーメンのスープを飲み干すと、どんぶりの底から感謝の言葉が現れたのです。

「これだ！」と思い、営業部の何人かに協力してもらって、**ゴミ箱の底の形に切った紙にメッセージを書き、ゴミ箱の底に貼り付けました。**

書いたのは、「いつも綺麗に清掃していただきありがとうございます」「いつも綺麗な清掃のおかげで素敵な仕事ができています」という、感謝の言葉です。

翌日、遠くから清掃員さんを観察していると、ゴミ箱の底を見るや「え？」と動きが止まり、周りをキョロキョロと見渡していました。

すると清掃リーダーの方が僕を見つけて飛んできて、「これ、もしかして福島さん？」と尋ねてきました。僕は清掃員さんたちと元々仲が良かったので、てっきり僕がひとりで仕掛けたんだと思ったそうです。

でもそれでは意味がないので「みんなで書いたんです」と伝えたところ、「こんなことしてもらえたのは初めてです！」と、とても喜んでくれました。

しだいに「このメッセージはなんだ？」と、営業のなかでも気づく人が出始めました。そのタイミングで趣旨を説明すると、みんなも賛同してくれて、少しずつですが清掃員さんたちとの会話が生まれ、関係が良くなっていきました。

意外だったのが、**清掃員さんのひとりからご紹介をいただいたことです。**

成約には至りませんでしたが、「いとこが会社をやっているので、ぜひ紹介したい」と言われたときはとても嬉しく、今でも鮮明に記憶に残っています。

**普段接していて、細かいところも見ている仲間にも感謝できない人が、自然にお客様に感謝できるわけがありません。**

だから社内外問わず、普段から感謝を伝える意識を持つことが大切なのです。

たとえ的外れな感謝を伝えてしまったとしても、身内なら笑って流してくれます。

感謝の練習として、まずは近しい人から伝えてみるのはおすすめです。

## 社内で嫌われている営業は活躍できない

リッツ・カールトンは、全員が気持ちの良い挨拶ができる組織でした。社内ですれ違った際にも、素通りなんてされたことはありません。必ず「お疲れ様です」「おはようございます」と挨拶し合う文化がありました。でも、これは不満というわけではないのですが、ホテルにも部署間の「壁」は多少存在していました。なかには当たり前のように打ち合わせでラウンジを利用して、「どうも」とだけ言って去っていく社員もいました。

するると、正直ちょっと寂しいんですよね。同じ社員なんだけど、ちょっと目線が合わないというか……。

そんななかでも印象的だったのが、営業のKさんです。

彼は打ち合わせでラウンジを使うと、担当ウエイターに直接「ありがとうございます」と感謝を伝えてくれました。

均一なサービスを届けるのが仕事ですが、僕たちもやっぱり人です。感謝を伝えてくれる人や敬意を払ってくれる人には、全力を尽くしたくなります。

たとえ予約が混んでいても、Kさんから頼まれると「なんとか席をつくってあげよう」と、みんな意欲的になっていました。予約と予約の間が1時間あれば、「40分までなら」と、その後のテーブルセットを急いでおこなわなくてはいけなくなったとしても、Kさんのためなら席をつくりたくなるんです。

僕の経験上、**社内のスタッフに嫌われている営業は活躍できません。**

営業は一人でお客様のもとに向かう仕事とはいえ、営業活動に集中できるのは社内の仲間やスタッフのサポートがあってこそです。

優秀な人は、社内の仲間にも支えられています。

それをしっかり自覚していて、感謝を伝えています。

だからさらに支えてもらえて、結果につながる。

そんな好循環をつくっているんです。

## これまで見てきた「いい会社」の共通点

法人営業として、これまでに数多くの会社を訪問してきました。

社員ひとりの会社から、数千人規模の上場企業まで。

何百、何千という会社を見てきて気づいた「いい会社」の共通点があります。

それは、**相手の立場に関係なく「関わるすべての人に感謝している」**ことです。


ある税理士法人を訪れたときは、会社の入り口に設置されたボードに「福島さまようこそ！」と書かれていて心底驚きました。

会社に入ると、受付の方も「福島様ですね。ようこそいらっしゃいました」と、名前を添えて温かいお出迎えをしてくださいました。

また、銀座のある有名クラブに商談に行ったときのことも印象的でした。

約束時間の5分前に店内に入ると、黒服のスタッフが「福島様ですね。お待ちしておりました」と、お客様を扱うかのように丁寧にエスコートしてくれたんです。

「申し訳ございません。ママが所用で少し遅れております。もしよろしければ、お好きなものを」と、温かいおしぼりとドリンクメニューも用意くださいました。

至れり尽くせりの接客に、どちらが営業している側かわからなくなった僕は、商談後、いてもたってもいられずママに質問しました。

「営業で来ただけの僕に、なぜこんなによくしてくれるんですか？」

するとママは笑って、「だって、関わる人みんなに笑顔になってほしいもの。それが商売ってものじゃない？」とおっしゃいました。

僕たちは日頃、相手との関係性によって態度を判断してしまいがちです。

この人はお客様だから、従業員だから、業者さんだから……と。

お客様には当然いい顔をするけど、従業員や業者さんには上から目線で言いたい放題なんて会社は、いくつも見てきました。

「この人に感謝したら得か？」と、損得勘定で判断する人は少なくありません。

でも**必要に応じて感謝を使い分ける「感謝がうまい人」になる必要はありません。**

「感謝がうまい人」と「感謝の気持ちを持っている人」は、別だと思っています。

たとえば、喫茶店で営業と商談しているところをイメージしてみてください。

その営業は客であるあなたには、とても丁寧で腰の低い対応をしてくれます。

ですが注文をとりにきた店員さんの目も見ずに「アイスコーヒーで」と、そっけない態度をとったり、食べた食器を下げてくれるときに「ごちそうさまでした」と言わなかったり、お辞儀ひとつできなかったりする姿を見たらどうでしょう。

僕なら「この人は僕が客だから丁寧に対応してくれるのであって、本来は感謝の気持ちがない人なのだな」「契約が決まって〝お客様〟でなくなったあとは、ぞんざいな扱いをされそうだな」と、信頼できなくなってしまいます。

感謝したからといって、何かを失うわけではありません。

誰もが無限に持っていて、人に喜んでもらえる最強の贈り物。それが「感謝」です。

出し惜しみせず、存分に振り撒きましょう。

それに、人に感謝できている自分って、ちょっと気持ち良いですからね。

## 「未来のお客様」に向けて感謝を伝える

営業を始めた頃、とても驚いた光景がありました。

とある大企業のオフィスビルで朝に待ち合わせをしたときのことです。

エントランスにはゲートが並んで、出社してきた従業員がひっきりなしに通過していく脇で、警備員さんが「おはようございます！」と挨拶していました。

でも奇妙なんです。**誰ひとり、警備員さんに挨拶を返す人がいなかったんです。**

みんな黙々とゲートを通り、一目散にエレベーターを目指しています。警備員さんの声とゲートの「ポーン」という音だけがこだまする、奇妙な空間でした。

有名企業でしたから、きっとそこで働くのはみな優秀で仕事ができる人たちです。

ですが僕は、その光景を見て胸がざわつき、**「これがこの会社の人たちの本当の姿なのか」**と、どこか信頼できなくなってしまいました。


自分のことを見ているのは、目の前にいるお客様だけではありません。

感謝の気持ちがある人か。それとも、感謝がうまいだけの人か。

あなたの周りにいるすべての人が、「あなたは、どんな人なのか」を見ています。

**世の中に向けてビジネスをしている以上、「関係のない人」なんて存在しません。**

第1章でお伝えしたように、僕はタクシーの運転手からお客様をご紹介いただいたこともありました。

今は他人でも、あなたが誰かに感謝する姿に信頼を感じて、明日にはお客様になってくれるかもしれません。

そう考えると、感謝しなくていい相手なんて、この世には存在しません。

お客様だから、感謝するのではありません。

**感謝するから、お客様になってくれるのです。**

関わる人みんなに感謝ができる人は、自分にとってメリットのある相手にしか感謝しない人の何十倍、何百倍もの信頼を得ています。

## 感謝の方法や対象にこだわってはいけない

感謝を伝えたいのに、咄嗟に言葉が出てこない人もいるでしょう。

僕もコミュニケーションは苦手なほうですから、気持ちはわかります。

そんな人に言いたいのは、**感謝はいつ、どうやって伝えてもいいということです。**

僕がメッセージカードを忍ばせたように事前に用意しておいてもいいですし、言葉ではなく文字で間接的に伝えるのでもかまいません。

その場では言いそびれても、後から手紙やメールで「あのときはお伝えできませんでしたが……」と送るなど、気づいたときに伝えればいいのです。

胸の内に秘めるよりは、**たとえ遅くても、文字であっても、伝えたほうが絶対に良いのです。**


社内の人に感謝を伝えるなら、ＬＩＮＥやチャットでサッと送るのもありです。部下や後輩なら、席を外したときにデスクに缶コーヒーをひとつ置いて、付箋に「お疲れ様」「さっきはありがとう」など書いて貼っておくとか。それだけでも、受け取った人はきっと「ちゃんと見てくれているんだ」と嬉しくなるはずです。

感謝の方法は、相手の数だけ、シチュエーションの数だけ無数に存在します。**形式にこだわらず、軽い気持ちで感謝を伝える習慣**を身につけてみましょう。


また、「感謝できることが見つからない」と言う人もいます。

ですが、感謝する対象は特別なことでなくていいと思います。

**「当たり前の行動」に感謝すればいいんです。**

本章の最後に、当たり前のありがたさを実感したある経験をお伝えします。

# 失って初めて気づく「当たり前」の価値

アメックスに入社した当時、僕にはすでに生後間もない娘がいました。

平日は毎日遅くまで働くようになり、帰宅する頃には子供は寝ているため、話したり遊んだりできるのは朝と週末だけに。

でも仕事で結果をだすことが、家族への貢献だと信じていました。

そんなときあるイベントで、東日本大震災で娘を亡くされた被災者の男性と出会いました。その男性は、こう語りました。

「仕事に行っても、家に帰ればまた会える。明日も会える。疑うことなくそう信じていた家族と、〝いってらっしゃい!〟の言葉を最後に二度と会えなくなった」

彼の話を聞いた僕は、すぐに宮城県石巻市へ向かいました。

街中には多くの慰霊碑が立ち、そこにはたくさんの名前が刻まれていました。

名前は子供が両親からもらう、人生で最初のプレゼントなのかもしれない。

一つひとつの名前を見ていてそう感じた僕は、娘の名前を考えていたときの光景を思い出し、つい涙が出てしまいました。

その日の夜。自宅に帰った僕が寝室に入ると、寝相の悪い娘は豪快に布団をはいで寝ていました。

「風邪ひくよ」と、布団をそっとかけたとき。僕の手が子供の手に触れました。

**……温かい。**

娘が「生きている」という当たり前を、初めて実感しました。

毎日遅くに帰ってきても、妻や娘に会えること。元気で生きていてくれること。それは当たり前なんかじゃなくて、ありがたいことなのだ。

そのありがたさに、僕は感謝できているだろうか。

もしも今、家族に会えなくなったら、僕はきっと後悔するだろう。

感謝の気持ちが込みあげて、夜中にもかかわらず一人で大泣きしてしまいました。

僕は家族のために働いていると思っていましたが、**家族がいるから毎日の仕事に向かっていくことができていたのだと気づきました。**

それからは毎晩寝るときに、「今日も本当にありがとう。パパは幸せだったよ」と、家族に伝えています。被災地を訪れ、家族を失うつらさを感じたことで、家族がいるありがたさに気づけました。

「当たり前」とは、価値のないものではありません。

**ただその価値に、気づけていないもののことなんです。**

思うに、みんな必死に頑張って、どうにか当たり前を保っています。

あなたのお客様は、息つく暇もないなかで時間をつくって会ってくれたのかもしれません。

あなたの後輩は、トラブルの最中に会社を抜け出してきてくれたのかもしれません。

あなたの後輩は、他の仕事を後回しにして、その報告書を仕上げてくれたのかもしれません。もしかしたら家族と過ごす時間を削ってくれたのかもしれません。

感謝する必要のない当たり前なんて、存在しないんです。

そう考えると、感謝したいことが溢れてくるのではないでしょうか。

RULE 07

# 「感謝」の方法を決めない

特別な存在として感謝するから、
相手もこちらを特別な存在だと思ってくれる。
感謝する相手や方法は重要ではない。
すべての人に感謝する意識を持ち、
あらゆる方法で伝える。

お客様と向き合うときに大切にしているルールをお伝えしました。
明日から実践できそうなことがあれば幸いです。

たとえばテレアポや飛び込み営業で成果がでていない人なら、
それをいったんやめて、交流会に参加してみては。
そこで知り合った人が、お客様になってくれるかもしれません。
もちろん、営業活動はしてはいけません。
あくまで、相手から興味を持ってもらうのを待ちます。
自社の商品やサービスに自信が持てない人なら、
他社の商品も含めて、本当にお客様のためになると思ったものを、
正直に勧めてみるのも良いでしょう。

また、服装や身の回りの小物を買い替えるのも手です。
ひとつでもいいので、自分なりの「意味づけ」をしてみましょう。
お客様の目に入るかばんやペンなどは、とくにおすすめです。

話す内容、会話の流れ、応対の仕方……。
当たり前に行ってきた慣習やマナーに疑問をもつことも大切です。
無意識にこなす前に5秒立ち止まって相手を観察し、
自分の頭で考えた行動をとりましょう。

そして、自社の商品やサービスを使ってみましょう。
その体験から生まれる言葉に、説得力が宿ります。
熱意を持って話すあなたの姿を見るうちに、
お客様の心も動かされていくことでしょう。
たとえ無駄に感じても、すべてのお客様に感謝を伝え、
時間をかけた丁寧な対応をすることも忘れてはいけません。

大切なのは、「人と異なることを恐れない勇気」です。
ひとつでも実践していただけたら、
きっとお客様の反応も変わることでしょう。

# ここからは、「仕事との向き合い方」の話をします。

ルール1〜7は、いわば「仕事」として、
お客様とどう向き合うかの話でした。

ですがお客様が見ているのは、あなたの人間性です。

仕事における振る舞いが完璧でも、
それが「演技である」と感じたら、信頼はできません。

「この人は自分に良い影響を与えてくれる人か」

「自己研鑽や学びを大切にしている人か」

「なんのために仕事をしているのか」

営業である前に、どんな人なのか。

これもまた、あなたの「信頼」を左右します。

仕事と、人生。営業と、ひとりの人間としての自分。

そんな境界が溶け、人として信頼されるための話をします。

# 第 8 章

# 「緊張」できる場面を自らつくる

## ――「挑戦」のルール

# 挑戦し続ける「保育園経営者」

法人営業をするなかで、これまでに何千人もの経営者と会ってきた。
そのなかでも、とくに記憶に残っているのが、
20近くの保育園を経営する60代の凄腕経営者Tさんだ。

彼がすごいのは、みんなが「えっ⁉」と驚く挑戦をし続けるところ。
多くの経営者は、怪我のリスクには万全に備える。
僕の友人にも、スキーや車の運転などを控える経営者がいる。
でもTさんは、スカイダイビング、サーフィン、ウェイクボード、
最近ではキックボクシングを始めて試合にも出ているから驚きだ。
試合に出る前には社員に、
「理事長、さすがにやめてください……」とお願いされる始末。
それでもTさんは試合に出場したそうだ。

どうして、そこまで挑戦を続けるのか？
僕は尋ねたことがあるが、答えを聞いて胸が熱くなった。
「子供たちに〝挑戦しろ！〟なんて言ってるんだから、
僕が誰よりも挑戦してなきゃダメでしょ」
子供たちにとっては、両親や保育園の先生たちが「大人」のすべてだ。
そんな大人が目を輝かせて挑戦していたら、
子供たちだって「挑戦したい！」と思えてくるに違いない。
実際、Tさんが経営する保育園の子供たちは、
逆立ち歩きや側転ができたりと、運動神経抜群。
強制的に教えているわけではなく、「それ面白そう！」と、
子供たちが自らチャレンジした結果とのことだ。
僕もその保育園を訪れて子供たちと遊んだことがあるけど、
ついていくのがやっとだった……。
Tさんの「挑戦」する姿は、子供たちや僕の心に深く突き刺さった。

## 「緊張していない」のは、営業として危機的な状況

ここからは、人から信頼を得るために大切な、仕事そのものへの向き合い方について の話をしていきます。

そこで、まずみなさんにお聞きしたいことがあります。

**みなさん最近、仕事で緊張していますか？**

新社会人や、転職して間もない人などは、「YES」と答えたことでしょう。

一方で、「NO」と感じた人は、ちょっとまずいかもしれません。

それは成長が止まっている証だからです。

営業になったばかりの頃、僕は当時すでに31歳だったとはいえ、それまでとはまっ

たく異なる仕事に毎日が緊張の連続でした。

もともと僕は度胸がなく、幼い頃からことあるごとにドキドキして過ごしてきました。運動会の前日には「リレーでバトンを落としたらどうしよう……」などと考えては、緊張で寝不足になる小心者ぶりです。

営業活動にも、その性格は見事にでてしまいました。

テレアポの電話をかける前には何度も深呼吸して、「いつになったらかけるんだ！」と先輩から叱られる始末。営業経験のある同期が「行ってきます！」と颯爽とオフィスを出ていく姿が羨ましく思えました。

アポイントで伺った先でも、緊張しっぱなしでした。

飲食・接客業しか経験がない僕は、ビジネスの知識もまるでなく、毎回、知らない言葉や質問を聞くのが怖くてしかたありませんでした。

だから緊張を鎮めるために1時間前にはアポイント先の近くに到着して、心を落ち着かせるためにミントのタブレットを次から次へとボリボリ食べていました。

カフェでは何度も水をお代わりして、お客様を待ちました。

そうやってなんとか気持ちを落ち着けていたのです。

そんな小心者の僕も、半年も営業をしていると段々と緊張がとれてきました。まだテレアポをしていましたが、よっぽど調子が悪い日でなければ1、2件はアポイントをとれるようになっていました。

最初にこの説明をして、こう反論されたら、この話で切り返す。テンプレができあがり、そこから大きく外れる商談はそう多くはありませんでした。

商談に伺うときも、以前とは違って10分前にアポイント先に到着し、スマホをいじって時間をつぶし、5分前になると迷わずインターフォンを押して「アメックスの福島です」と言えている自分がいました。

仕事で緊張することはなくなり、決して良くはありませんが、悪目立ちしない、そこそこの成績が出せるようになりました。

普通なら自分の成長を感じて、嬉しくなるところです。

ですが僕は、同時に強烈な違和感を覚えました。

**「営業って単純作業だな」と思い始めていたんです。**

それまでは必死に目指していた目標も、コツを掴んでくると、それほどの労力をかけずとも到達できるようになります。

すると、そこから先は現状維持のための努力になります。

その結果、仕事に面白みを感じなくなります。

**いわゆる「マンネリ化」が訪れていました。**

挑戦には必ず「失敗するかもしれない」という緊張がともないます。

**緊張しなくなったということは、挑戦していないということ。**

自分ができることをただ繰り返しているだけだから、成長できていないし、仕事も面白く感じないんだ。僕はふと、その事実に気づきました。

「仕事にマンネリを感じている」

「テンプレでこなしている」

その姿勢は、お客様にも伝わります。

そんな人に仕事を頼みたいと思う人はいません。お客様から信頼され続けるためには、緊張できる挑戦をし、成長し続けなくてはいけないのです。

## 「挑戦する機会」は、だいたいすでに訪れている

成長するには、緊張できるような「挑戦」が必要です。

問題は「そのためには、どうすればいいか」ですが、多くの場合、**その機会はすでに訪れているのだと思います。**

当然、僕もはじめは悩みました。

上司にお願いして、新しい仕事をもらう？

でも、今の成績では他の仕事なんて任せてもらえないはず。

じゃあ、資格試験を受ける？

たとえば、経営者にアドバイスができる税理士は？

でも税理士試験の試験概要を見て、難易度の高さに5秒で教本を閉じました。

「成長するには、何に挑戦すればいいんだろう」

悩んだ僕は、ある人との会話を思い出しました。

直前に参加した交流会で、保険会社の男性営業から「もしよければ、うちの営業所の研修でホテル時代の話をしてくれませんか？」と相談されていたんです。

当時は人前で話した経験なんて一度もなく、自分の経験を具体的に振り返ったこともありませんでした。しかも相手は、営業の猛者揃いの保険会社……。「勉強になった」だなんて、絶対に言ってもらえない……。

怖くなった僕は、「僕なんかが、そんなことできないですよ」と濁していました。

その会話を思い出して、「緊張できる場面って、これかもしれない」と気づきました。

リッツ・カールトンでは誰よりも情熱的に働いていました。

言語化やノウハウ化こそしていませんが、話くらいならできるはず。

そう考え、「僕でよければやらせてください」と、その営業の方に連絡しました。

その時点で研修までは約1ヶ月。それだけあれば内容は考えられるだろう。

……なんて思っていましたが、一向に思いつきませんでした。

内容ができあがったのは、なんと前日の夜。ホテル時代のエピソードもたくさん盛り込んだ、その時点のベストと思える台本ができあがりました。

当日は緊張で朝早く目が覚め、会場に向かう道中は生きた心地がしませんでした。

最寄り駅には1時間以上前に着き、近くのカフェでコーヒーを飲みながらミントのタブレットをボリボリとかじり、僕はひさしぶりの緊張感を噛み締めました。

## 大惨事の研修が僕にもたらしたもの

結果は……もう散々なものでした。

僕の目の前には、営業の猛者たちが20人ほどズラリと座っていました。

始まった瞬間に頭が真っ白になり、「これは終盤に言おう」と決めていたエピソードを開始5分後には話す始末。もう台本を見ても取り返しがつきません。2時間の研修で、1時間以上は質疑応答をしていたかと思います。

僕の慌てた様子を見て、質疑応答を入れてくれた担当者さんには心から感謝です。

帰宅する電車で、僕は自分の無力さと、依頼をくれた人への申し訳なさから放心状態になっていました。

でも、予想外なことが起きました。

1週間後、研修の参加者のひとりから連絡があったのです。

「先日は素晴らしい話をありがとうございました。ところで、私のお客様先でも研修をお願いできませんでしょうか？」と。

「またあの恐怖を味わうのか……」とおののいたものの、喜んでくれたことが嬉しく、登壇を快諾しました。

それは1時間くらいの研修でしたが、終わってあることに気がつきました。

前回の研修よりもうまく話せていたのです。そして、緊張もそれほどしていませんでした。**このとき、僕は「成長できたんだな」と実感できました。**

ちゃんとした研修ができていたわけではありませんが、そこから少しずつ「よかったらうちの会社でも話をしてほしい」と、講演やセミナーの依頼が入るようになりました。営業でありながら講師としてのキャリアもスタートしたのです。

話す側に回ったことで、参加者のときよりもたくさんの人と出会えて、覚えてもらうこともできました。営業としてのお客様もたくさんご紹介いただけましたし、その後の人生を変える出会いもありました。

すべては10年前、大失敗に終わったあの研修依頼を受けたことがはじまりでした。勇気を出して緊張できる場面に飛び込んで、本当によかったと実感しています。

成長したいと思ったとき、無理に新しいことを探す必要はありません。

「成長できる場面」は、きっともう訪れているのだと思います。

「これ、できますか?」「難しいかもだけど、お願いしてもいいですか?」なんて相談されて、断ったことはありませんでしたか?

すべての依頼を引き受ける必要はありませんが、もし断る理由が**「やったことがないから」「できるかどうか不安だから」**ということであれば、グッと思いとどまり、勇気を出して一歩、足を踏み出してみることをおすすめします。

その挑戦と緊張が、必ず自分を成長させてくれます。

やってみてダメだったら、もうやらなければいいだけです。うまくいかないと学べるだけでも成長です。

## 「ひとつの感謝」に依存するのは危険

「営業なのに、講演がうまくなる意味はあるのか？」

こう感じた人もいるかもしれません。たしかに、本業に直結しない挑戦や成長には魅力を感じない人もいるでしょう。

実際、僕は研修に挑戦したことで若干の成長を実感できましたが、営業の成績が上がったわけではありませんでした。

ですが少し経ってから、**僕は思いがけない恩恵を感じることになりました。**

それはテレアポをやめ、紹介だけで営業していくことを決断した頃のことです。

まだ人脈なんてほとんどなかったため、はじめは成績が上がりませんでした。

上司からは「テレアポやれよ！」と叱られますし、このままの成績が続けば契約の更新を見送られる可能性もありました。

理想と現実のギャップで、モチベーションはみるみる落ちていく……のかと思いきや、意外にも「きっと大丈夫だ」と思えたのです。

**僕を支えてくれたのは、挑戦によって得られた「感謝」でした。**

当時は1、2ヶ月に1度の頻度で登壇する機会があり、講演終了後、参加者のみなさんがいつもこう言ってくれるんです。

「福島さん、素晴らしい話をありがとうございました！」

「とても勉強になりました！」

なかには握手を求めてくださる人や、お手紙をくださった人もいました。これが、本当に嬉しかったんです。

人は誰かの役に立てたときに、自分の存在意義を感じられます。

営業としての成績は悪く、会社では誰からも見向きもされず、落ちこぼれのような扱いをされていましたが、講師としての活動でいただいた社外からの感謝が、僕の自己肯定感を高く保ってくれたのです。

本業で伸び悩んでも、感謝される場所が複数あれば感謝の総量を保てます。

僕は、**これを「感謝のポートフォリオをつくる」と呼んでいます。**

営業には「成績」というわかりやすい指標があります。簡単に優劣が判断され、褒められる人と褒められない人が線引きされてしまいます。

当然、成績が下がれば誰にも感謝されません。いくら今月の成績が良くて褒められたとしても、翌月がダメなら、また誰からも見向きもされなくなります。それが営業の世界です。

だから、**ひとつの感謝だけに依存しているのは、少し危険です。**

本業で成果が出せず、誰からも感謝されないと、つい自分という存在がすべて否定されたような気持ちになってしまいます。

でも、そんなわけありません。他にも感謝してくれる人がいれば、その事実に気づき、自己肯定感を保つことができます。

これは本業から逃げるという意味ではありません。

**本業と向き合い続けるために、自己肯定感を得られる場所を本業以外で確保しておくんです。**

たとえ本業には直結しない依頼や相談がきたとしても、それで誰かの役に立てるのなら、喜んでくれるのなら、挑戦する価値はあると思います。そうやって作られていく「感謝のポートフォリオ」が、あなたの心を支えてくれるのです。

## なぜ独立直後の僕は「Uber Eats」に挑戦したのか

そして当然ながら、挑戦は自分に「自信」を与えてくれます。

2023年の2月、僕は勤めていた会社から独立して、「感動体験」をつくってきた経験や能力を使ってお客様をサポートするコンサルティング業を始めました。

十分な仕事量が見込めるわけではありませんでしたが、タイミングを待っていたら足を踏み出せなくなると思い、見切り発車的に独立しました。

そこで自信をつけるために、僕はある挑戦をしました。

**Uber Eatsの配達員です。**お客様とたった数秒しか接点を持てない世界でも自分の能力が通用するか、試したくなったのです。

Uber Eatsを利用したことがある人はわかると思いますが、商品配達後、利用者は配達員と商品に対する評価を求められます。

そのなかで出るのが、「配達員へのチップ」を選択する画面。僕も今までに何十回と利用してきましたが、チップを送ったのは二回だけでした。

ひとつは、大雨の日に「こんな日に申し訳ない」という気持ちで。

そしてもうひとつは、インターフォン越しに感じの良い挨拶をされたとき。

この、たった二回だけです。

「思わずチップを送りたくなる配達員って、どんな人だろう?」といつも疑問に思っていたため、「じゃあ自分が挑戦しよう！」と決断したわけです。

「感動体験」を与えるといっても、何か特別なことをするわけではありません。瓶ビールを顔の高さで注ぐだけで「特別な体験」に変化しました。お辞儀を人よりたった2秒長くしただけで「誠実な人」という印象になりました。

そこでUber Eatsの挑戦でも、みんなが面倒くさがる「当たり前」や、意味も考えずにおこなっていることを、誰もできないほど真剣にやろうと考えました。

そこでお客様と配達員との接点を考えてみたところ、次の六つでした。

**①プロフィール画面**
**②配達ルートが表示されるマップ**
**③注文を受けた後のメッセージ**
**④インターフォンでの会話**
**⑤受け渡し時の会話や身だしなみ**
**⑥配達完了後のメッセージ**

プロフィール画面では、他の配達員がラフな服装であるのに対して、僕はあえてスーツを着込み、感じの良さと礼儀正しさを表現しました。

配達ルートをマップで見たお客様が「なぜそっちに行くんだ！」と失望しないように、事前に配達エリアの地理を頭に入れました。

テキストメッセージでは、これから配達開始する旨を送り、時間がかかりそうな場合は信号待ちのタイミングで「今、この辺りを走行中です」と一報入れ、配達後には「お礼のメッセージ」を送ることを徹底しました。

インターフォンでは、「お待たせいたしました。Uber Eatsです！」と感じの良い挨拶をし、カメラ付きの場合は配達バッグの「Uber Eatsロゴ」が見えるようにして安心感を持ってもらえるようにしました。

そして爽やかな印象を持っていただくために、服装は半袖の白いシャツに、下は綺麗めなジーンズ、靴は白いスニーカーを着用しました。

玄関の扉が閉まった後には再度の一礼を。対面ではない「置き配」の場合は、商品が床に触れないようにA４用紙を敷き、そこに「ご注文、誠にありがとうございます」とシンプルなメッセージを入れました。手書きだと水滴でにじむ可能性があるため、事前にプリントしたものを用意しました。

お客様と会話できるのはせいぜい数秒ですが、会話に自信のない僕は、それ以外の考えられる箇所すべてにこだわってみました。

その結果、計50回の配達で5回のチップをいただくことができました。ベテラン配達員さんにこの評価を見てもらったところ、新人にしては高い数字であると言っていただけました。

ネットによると、配達数1000回を超える猛者でも、チップ率は5~10%とのこと。失敗か成功かとジャッジするならば、一応は成功を収めることができました。

本業のコンサルタント業とUber Eatsは、似ても似つきません。

ですがこの挑戦によって、たとえお客様との接点が少なくとも感動体験を感じてもらえると、自分の能力に自信がつきました。

# 挑戦する人の周りに、人が集まる理由

心が安定する、成長を実感できる、自信がつく。

挑戦は自分の内面にさまざまな良い影響をもたらしますが、自分の「外側」に対しても影響を与えます。Uber Eatsで配達する様子をSNSで発信していたところ、**投稿を読んでくれた人からたくさんの反響をいただいたのです。**

「どうして配達員をしているの？」という質問や、「そんな細かいことにこだわるなんてすごい！」というお褒めの言葉まで。

なかには「ぜひ弊社で講演をしてもらえませんか？」という依頼や、コンサルティング案件の相談もいただきました。お客様に尋ねたところ、「挑戦の結果が気になって、楽しみに見ていました」とのことでした。

「僕の能力はコレです！」「こんな経験があります」と宣伝したところで、何の実績もない僕に仕事を頼む人なんていなかったでしょう。

**その能力や経験を使って挑戦したことで、「この後どうなるんだろう？」と、多くの人の関心を集めることができたのです。**

自分を売り込まなくても、自分という人間に興味を持ってもらえたことで、仕事につながりました。つまり**営業時代の僕がやっていたこととまったく同じです。**

挑戦している人のところに、人は集まります。

この章の冒頭で紹介した保育園経営者のＴさんも、多くの人に応援されています。キックボクシングの試合前には１００人近くが集まって激励会が開かれたほどでした。

みんなＴさんを応援しながら、じつは**自分自身が激励されているのだと思います。**

オリンピックやワールドカップも同じですよね。選手を応援しているつもりが、いつの間にかこちらが勇気をもらえたり、情熱に火がついたりします。

挑戦は、もちろん自分の成長のために必要不可欠です。でも同じくらい、**その挑戦を見守ってくれている人にも良い影響を与えているんです。**

それに自分が客の立場だったら、マンネリで仕事している人よりも、いろんなことに挑戦している人に仕事を頼みたいと思いますよね。その熱意や、つねに学ぼうとする姿勢に、能力や実績以上の魅力を感じてしまいます。

そんな人を応援している自分のことが、誇らしく感じたりもします。

だから挑戦している人の周りには、人が集まるんです。

## 「挑戦する気持ち」を与える存在になろう

Tさんが経営する保育園の子供たちがチャレンジ精神旺盛だったように、**「挑戦」自体が他の人にも波及します。**

これもまた、挑戦する人のところに人が集まる大きな要因です。

僕が挑戦する心を持てたのも、これまでに会ってきた経営者たちの影響でした。

法人営業をしていた頃、経営者のみなさんの「成長速度」に驚きました。

とくに、創業したての経営者からは強い刺激をいただきました。

安定した仕事や給与を捨てて独立したわけですから、僕なんかの何倍もの情熱を持たれているんです。

なかには会社にずっと寝泊まりしている人もいたほどです。そういった働き方を賞賛するわけではありませんが、純粋に「すごいな」と衝撃を受けました。

そんな経営者と一年後などに再会すると、「同じ人ですか？」と疑うほどに成長を遂げていることがよくありました。小さなビジネスだったのに、今では大手企業を相手に取引していたり、事業の幅が広がっていたり。

なにより経営者自身の成長ぶりがすごく、一年前は冗談を言い合えていたのが、今では「この人、何を言ってるんだろう？」と、話についていくのがやっとということも。そんな成長し続ける経営者たちの姿を見て、営業を始めたばかりの僕は「自分も成長し続けなければ！」と、背中を押されました。


挑戦することで、成長できて、仲間が増え、他人にもその姿勢が波及します。

だから挑戦している人の周りには、人が集まります。

そして集まった人たちがやがてファンとなり、仕事にもつながっていきます。

能力や実績ではなく、**挑戦する姿が人を惹きつける最大の魅力になるのです。**


「最近、緊張していないな」と感じているなら、それは挑戦が足りない証かもしれません。これまでに逃げてきたことや避けてきたことに向き合ってみてください。

部下や後輩がいる人なら、なおさらです。**人に「挑戦しろ」と言う前に、「自分は挑戦しているだろうか？」と、一度考えてみてください。**

忘れてはいけないのは、挑戦は大きくなくてもいいということ。

小さくてもいいから、一歩足を踏みだす勇気を持つことが大切です。

そこから、成長や新しい出会いにつながっていきます。

# RULE 08

# 「緊張」できる場面を自らつくる

緊張していないとは、
つまり挑戦していないということ。
緊張できる機会を自らつくることで、
成長の実感や自信を得られるだけでなく、
人も集まり、応援される。

第 9 章

# つねに「Unko」でいる

——「強み」のルール

# 僕が憧れた「営業のAさん」

営業を始めて2年目、僕には憧れの存在ができた。
ある外資系企業で営業をしているAさんだ。
彼との出会いは、友人に誘われて参加したパーティーだった。

会場は、綺麗にドレスアップした人ばかりで、
地味なスーツを着た僕は、場違いなところに来たと戸惑っていた。
すると赤いドレスを着た主催者の女性が挨拶に来て、
「営業をしているなら、同じ営業のAさんを紹介するわね」と言った。
彼女が指した方向を見ると、一人の男性が颯爽と階段を降りてきた。
仕立ての良いネイビーのスーツに、真っ赤なネクタイ。
そしてアントニオ猪木さんのような赤いマフラーを首から下げて。
その人がAさんだった。彼が階段を降りてくるなり、

たくさんの経営者が駆け寄り、親しく話しかけ始めた。
こちらからすり寄らなくても、相手から寄ってきてくれるなんて。
僕の「営業像」が見事に壊された。

Aさんとは後日あらためてランチをご一緒した。
いろいろと質問をしようと意気込んでいたが、
予想外に、僕がAさんからの質問攻めにあってしまった。
「クレジットカードの仕組みってどうなってるの？」
「なんでこの店を予約したの？　どこで知ったの？」などなど。
僕が答えると「そうなんだ！　知らなかった」「勉強になるよ」と、
Aさんはとても熱心に聞いていた。
別の日には、Aさん行きつけのバーにも連れていってもらった。
するとAさんは、マスターに悩み相談をしていた。
そして、教えてもらったことをメモに取っていた。
その謙虚な姿勢が、今でも僕の記憶に残っている。

# プレッシャーに負けた人は自分を偽りだしてしまう

よく「失敗できるのは、若手のうちだけ」なんて言われます。弱い姿を見せられるのは、まだ経験の少ない者の特権です。

僕もアメックス入社当初は「全然アポが取れなくて……」と愚痴をこぼし、「電話でどんなトークをしてるんですか？」と気軽に相談していました。

ですが月日が経つにつれて弱音を吐けなくなっていきます。そんなことを言ったら**「そんなことも知らないんだ」「ダメな奴だな」**と思われてしまうからです。

次第に、できない自分を隠すようになります。

僕は自分をよく見せようとアポの数を多めに言ったり、成約確度が低いお客様でも「前向きに検討してくれています」と誇張したりと、嘘を重ねていきました。

営業3年目にもなると成績も上がり始め、表彰式でも常連となりましたが、「自分をよく見せたい」という気持ちは変わっていませんでした。

むしろ「もっと優秀な営業らしくしないと！」と強情になり、より高級なスーツや時計を身につけるなど、優秀に見せる努力をしていました。

成果が出てもなお自分の弱みを隠し、**「できる人」を演じ続けていたのです。**

そうでもしていなければ、周囲からの期待やプレッシャーのなかでメンタルを保てませんでした。

期待に応えなくてはいけない、優秀な営業であり続けなくてはいけない。

そんな気持ちで心が押しつぶされそうでした。


営業はとてもやりがいのある仕事です。成績が上がれば褒められるし、給与も上がります。やったらやった分だけ評価してもらえます。

それは、逆もしかりです。成績が落ちれば誰からも見向きもされなくなります。

だから、成果を出さなければ存在意義がない、優秀でなければ価値がない、いかなるときも弱みを見せてはいけないと、思い込んでしまいがちです。

成長し、成果が出るようになると、今度は**「できない自分を見せたくない」とい**

**う気持ちが自分を苦しめ始めるのです。**

そして、自分を「優秀な人」として偽り始めてしまいます。

自分の見え方ばかり気にして、姿を偽っている。

こんな人間が、お客様から信頼されるわけがありません。

## 着こんだ鎧よりも本当の素顔が見たい

弱さを隠し続けることは自分を偽ることです。そのままではやがて心が折れてしまいます。そうなる前に弱さと向き合い、認めてあげることが大切です。

それは、とてもつらいですし、勇気がいることです。

31歳から営業を始めた僕の根底にも、つねに「劣等感」がありました。

だから「弱さを認めて、強がりをやめろ！」なんてこと、簡単には言えません。

そんな僕が自分の「弱さ」を認められるようになったのは、ある人の言葉があったからです。弱さを認めるどころか、**自分の弱点が大好きになったんです。**

ある人とは、僕より20歳以上も年上のUさんです。

大学卒業後は有名百貨店に就職し、その後は世界的なテーマパークで部門責任者をされ、退職後もその世界で活躍していました。

ある勉強会でご一緒させていただいたご縁でお付き合いが始まり、仕事の付き合いはありませんが、勉強会で顔を合わせる度に会話をする仲でした。

営業3年目の秋のことでした。そんなUさんに誘われ、友人2人も交えて4人で食事をすることに。いつものようにキリッとスーツを着こなして現れた僕を見て、Uさんは「営業っぽいね！」と、ニコニコして言いました。

ビジネスパーソンとしての大先輩であるUさんに少しでも近づけるように、いつも以上に「優秀な営業」の装い（よそおい）で臨んでいたからだと思います。

その発言が出たのは、流れ着いた二軒目のお店でした。

もう0時を回る頃、「あのさ」と、ふとUさんが声をかけてきました。

お酒もだいぶ回った僕が「……はい？」と、やっとこさ顔を向けると、Uさんは「福島くんさ、きみはもったいないよ」と言いました。

泥酔していた僕ですが、突然の一言に酔いが一気に醒め真顔に。

苦笑しながら「どういうことですか？」と質問すると、こう言われました。

**「福島くんは営業っていう鎧を着すぎていて、本当のきみが僕には見えない」**

心をぶん殴られた気分でした。

それは、いちばん言われたくない言葉だったからです。弱みや劣等感を隠すために「優秀な営業」という鎧を着込んでいたことを、Uさんはお見通しでした。

僕が言葉を詰まらせていると、Uさんはこう言ってくれました。

「きみはそのままで素晴らしいよ。鎧を脱いだらもっと素晴らしい営業になるよ」

隠し事がバレた気持ちになった僕は、動揺してUさんをただじっと見つめていました。そして店を出て歩きだす前に、Uさんはこう言いました。

「ゆっくりでいい。鎧の脱ぎ方を考えてごらん」

帰宅した僕は、湯船に浸かったまま出られなくなってしまいました。

本当の僕を見ようとしてくれたUさんの気持ちが嬉しかったのと、一方で「どう鎧を脱げばいいのか」が、いくら考えてもわからなかったからです。

でもこのとき、僕のなかで大きな発見がありました。それは、優秀な営業としてではなく、素の自分を見てくれる人がいるんだということです。

**優秀でいようとしなくてもいいんだ。**

「鎧を脱いで、本当の自分でいたい」と、自分の本音に気づけた一夜でした。

## 「コンプレックス」が一瞬で強みに変わる方法

鎧を着込んでしまうのは、自分のことを「弱い」と思っているからです。

自分の能力や特性を「劣っている」と決めつけているからです。

その決めつけをやめて、鎧を脱いでみると、これまで自分の「弱さ」だと思っていたものがじつは「強み」になることもあります。

僕も鎧を脱いだことで、**いちばんのコンプレックスが最大の強みに変わりました。**

本書の冒頭でも触れましたが、僕の最終学歴は「高校卒業」です。

一方で、同僚は高学歴の人が多く、お客様もほとんどが大卒です。

ホテル時代には学歴を聞かれることもありませんでしたが、営業では学歴を意識してしまう場面が数多くありました。たとえば会食や交流会での会話で、「地元が愛媛ということは、大学から東京に？」と聞かれるのが、つらかった……。

バーテンダーをしていた20代の頃には、交際していた女性のご両親に、学歴と職業を理由に交際を猛反対されたこともあります。

「ちゃんと大学に行っていれば……」と、何度も後悔しました。たかが学歴ですが、僕にとって克服することのできない大きなコンプレックスだったのです。

ですが**コンプレックスは、見方を変えると自分の強みに変わります。**

この「学歴コンプレックス」は、あるきっかけで鎧を脱いだことで、強みに変わりました(なかば強制的ではありましたが……)。

それは先述のUさんとの食事から数週間が経った頃。あるコワーキング・スペースを経営するお客様からセミナー登壇の依頼を受けました。

その会社では、利用する事業主向けにさまざまなセミナーを開催していて、そのなかの一コマで「紹介営業」の話をしてほしいと依頼があったのです。

営業3年目のときにビジネス誌に取材記事が掲載されたことで登壇の依頼が増え、僕は人前で話すことにも慣れつつありました。アメックスの広報部にも報告したうえで、引き受けることにしました。

ただ、今回はひとつだけ、いつもと違うことがありました。

それまでは会社の社員や勉強会の参加者だけなど特定の人が対象でしたが、今回はチケットの販売サイトを通じて、不特定多数の方にセミナーが販売されるというのです。

とはいえ会社の許可も出ていたので、その点にはそれほど悩みませんでした。

問題は、その後に主催者からされたお願いです。

「福島さんの経歴を販売ページに載せるので、このフォームを埋めてください」

送っていただいたフォームを見ると、氏名や職業に続いて、「最終学歴」という項目があったのです……。

「これは書かないとダメですか？」

そう伺ったところ、「はい、そのほうが信頼度が上がるので」と担当者さん。

一度は引き受けたものの、お断りしてしまおうかと悩みました。

それくらい、「高卒」と明かしたくなかったんです。

「さて、どうしたものか……」と悩みながら、その日の夜、駅から自宅まで歩いていると、ふとUさんの言葉を思い出してハッとしました。

「そうか、これは鎧を脱ぐチャンスなのかもしれない」

帰宅した僕は、真っ先にパソコンを開き、フォームの最終学歴欄に「〇〇高等学校卒業」と入力しました。続けて、セミナータイトルを決めました。

**『学歴なし。人脈なし。それでもトップ営業になれる極意（名称仮）』**

どうせバラすのなら、盛大にバラしてやれと考えたわけです。
入力し終わったフォームの送信ボタンを、僕は震える指で押しました。

## なぜ東大卒は僕の学歴を絶賛したのか

「高卒の話なんて、説得力あるのかな？」「誰も参加しないんじゃないかな？」不安ばかりで当日を迎えましたが、ありがたいことに10人ほどの方が参加してくれました。

約2時間のセミナーを終え、「やっと終わった……」と一息ついていたとき、参加者の男性が名刺交換を求めてきました。

その人は金融系のお仕事をしていて、なんと東京大学卒ということが会話のなかでわかりました。僕は思わず言ってしまいました。

「僕は高卒で……東大卒のような方のお役に立てる話ができたか不安です」

すると、男性は少し興奮気味に「いえ！　とっても勉強になりました！」と。そして、続けてこう言いました。

「最初はビックリしたんです。セミナーをするような優秀な方は大卒のイメージが強かったので。でも高卒なのかって……」

「そうですよね……」と、僕が言おうとした瞬間、男性が一言。

**「それって、すごい強みですね！」**

「……えっ⁉」

思わず大きなリアクションを取ってしまい、他の参加者に驚かれました。

意外な言葉に戸惑っていると、彼はこう尋ねてきました。

「福島さんは、ハーバード流とか聞いてピンときますか？」

よく本や広告で見かけてはいましたが、正直なところ、僕にはまったくピンときていませんでした。大学にすら行っていないのですから、世界が違いすぎて想像もつきません。つまり、まったく自分事にならなかったんです。

そう答えたところ、彼はこう言いました。

「大卒は日本人の半分だと言われています。だから大卒の僕が何を話しても、半分の人にしか響かないかもしれません。でも福島さんの話は同じ高卒の人にもきっと響くし、大卒の僕にだって響きました。それってすごい強みじゃないですか！」

**必死に隠していたことが別の人からは強みに見える**なんて、驚きでした。

## 優れているか、劣っているかなんて、決めつけなくていい

このセミナー以降、「高卒」であることは僕の強みになり、誇りになりました。

聞かれてもいないのに、「僕は高卒なんですよ！」とアピールしているほどです。

学歴コンプレックスになってから10年以上が経っていましたが、やっと本当の自分を受け入れることができました。

すると、お客様も自己開示してくださり、より腹を割って話せるようになりまし

た。深くつながれる人脈も増え、営業機会にも恵まれていきました。

なによりその日以降、心がとっても軽くなったんです。

よく、「事実と解釈は違う」と言われます。

「高卒か、大卒か」という違いは、たしかに事実です。「偏差値の違い」があることも事実です。でも「高卒は劣っている」というのは、ただの解釈です。

**事実は変えられなくても、解釈は変えられます。**

誰かと違うというのは事実だったとしても、それを「劣っている」などと決めつける必要はありません。自分のとらえ方しだいで、いかようにも変えていけます。

それに、弱さがあるということは他人とは違うものを持っているということ。

これまで何度もお伝えしてきましたが、他の人と「違ってこそ」なんです。**まったく同じだったら、お客様の記憶に残ることなんてできません。**

「高卒」だと明かすと、その時点でお客様は少し興味を持ってくれます。

「高卒から、どうやってアメックスに入れたの?」と、前のめりになってくれます。

「じつは地元で友達に恵まれなくて、単身、上京してきたんです。18歳から働いていて、これまで飲食店、バーテンダー、そしてホテルマンなどを経験してきました」と、そこからさまざまな経験や想いをお伝えできます。

他人と比べて優れているか、劣っているかなんて、どうでもいいんです。

**「違いがある」ということ自体が、何よりの「強み」なのです。**

考えが広がりすぎて、整理して話すのが下手。

内向的だから、積極的に強い提案ができない。

別の業界から転職したから、専門知識がない。

こういったことは、ただの「違い」です。

優秀でいようとして鎧を着込むことは、こういった**個性や特性に「劣っていることだ」「隠すべきものだ」とレッテルを貼り、閉じ込める行為です。**

そんな認識を変えて、ただの違いとして受け止めてみてください。

考えを広げられるから、いろんな視点で考えた意見をお伝えできるかもしれない。

内向的だから、お客様が安心して自分の話をしてくれるかもしれない。
専門知識がないから、お客様にもわかりやすく説明できるかもしれない。

「その違いには、どんな強みがあるんだろう?」と、逆の発想で考えてみると、**隠してしまいたいと思っていた弱みからも強みが見つかるかもしれません。**

「弱み」とは、磨けば輝く「強み」の原石なのです。

## あなたは「ゾウ」のことを知っていますか?

「優秀な営業でいなくてはいけない」と思うのをやめた僕は自然と、他人に仕事の相談をしたり、勉強会に参加したりするようになりました。

ときには、結果を出している後輩に「どうやってるの?」と聞いてみたりすることも。以前なら、そんなことをしようものなら「この先輩、情けないなあ」と思われかねないと考えていました。

くわえて美術館や博物館など、営業に関係がない場所にもどんどん行ってみるようになりました。弱みに目を向けたことで自分に足りないことがわかり、「学ぶ意思」が芽生えたのです。

すると、**いかに自分が「ものを知らないか」を痛感しました。**

会計の知識や契約後の顧客対応など、わかっているつもりになっていたことも、いざ他の人から話を聞いてみると学びをたくさん得られました。

芸術やスポーツの世界の奥深さも知りました。優秀なつもりでいましたが、しょせん知っているのは業界の知識だけだったのです。そういった教養は、経営者たちと話をするうえで大いに役立ちました。

新しいことを知るたびに、その先にもっと知らない世界が広がっていることが面白く感じるようになっていきました。

ところで、**みなさんは動物の「ゾウ」を知っていますか？**

「そんなの、当たり前だろう」と思いますよね。では、ゾウについてのこんな情報は知っていますか？

「人間には聞こえない低周波音で会話していると言われる」

「近年、鏡像認知（鏡に映った自分を自身と理解する能力）があることが判明した」

「欧米では、死期の迫ったゾウが最期を迎える墓場があるという伝説があった」

「古代地中海世界では戦象としてゾウを軍用に使役していた」

どれもウィキペディアの「ゾウ」のページをざっと眺めれば得られる知識ですが、おそらくわざわざ調べたことがある人はほとんどいないと思います。

「ゾウ」なんて、調べるまでもなく知っているからです。

でも実際に調べてみると、知らないことだらけだったと気づきます。

そしてその先に、「鏡像認知」「戦象」など、また10倍、１００倍もの、知らない世界が見えてきます。

**知っていると思っていたことも、あらためて知ろうとすることで、また新たな発見や学びに出会えるのです。**

この事実を、僕は鎧を脱ぎ捨てて初めて知りました。

# 営業で売れている人が、みんな知っていること

虚勢を張っていると、何かを知ろうとしたり、学ぼうとしたりする姿勢はなくなります。自分が「知らない」ということを知っているからこそ、学ぼうとする姿勢が生まれ、成長できます。

つまり、**「無知を知る」ことが大切です。**

強がりをやめ、弱みを受け止めることが、まさに「無知を知る」ことです。

誤解や非難を恐れずに言います。**人を見下したり、マウントを取ったりするのは、成長を止めてしまった人がとる行動です。**

自分は偉い、優れている、もう学ぶことはない。そう思っているから、言動によって優位に立とうとします。

ですがそれは、ただ現実や自分のことを正しく理解できていないだけです。

当然、そんな人には新たに学ぶ意欲がなく、成長は止まっています。

一方で、**優秀な人はみな、自分の無知を自覚しています。**

新しいことを学んだり、違う世代の人からも教えてもらったりする成長意欲がある人は、自分がどれほど「ものを知らないか」を自覚しています。

だから学び続け、成長し続けられます。気持ちがつねに初心者なのです。

この章の冒頭で紹介した営業のAさんも、まさに「無知」を知る人でした。自分の知識や経験をひけらかすことなく、出会った当時の僕みたいな相手も含め、すべての人から学びを得ようとしていました。

Aさんに「そんなに売れているのに、どうして謙遜しているんですか？」と聞いたことがあります。するとAさんは、こう言いました。

「営業で売れている人は二種類いるんだよ。まずは圧倒的な知識がある人。次に、圧倒的じゃなくても素直な人だよ。知らないことは知らないって正直に言うと、みんな応援してくれるんだ」

他業界から転職してきたAさんも、はじめはプライドが邪魔をして素直になれなかったそうです。でも自分の弱みを正直に出すようになってから、応援してくれる仲間やお客様が増えたと言っていました。

Aさんだけでなく、活躍している人は多くの人に応援されています。**「無知」を知り、自分の弱みを素直に受け止め、誰に対しても「教えてほしい」という姿勢で接する**からです。

それが周囲に「あの人は謙虚だ」と感じさせ、応援したくさせます。

「謙虚になります」と自分で言う人がいますが、それはあり得ないことです。謙虚かどうかは、その人のことを見た人が決めることだからです。

## 自分を「う×こ」だと思えるだろうか

僕の「12のルール」を人にお見せしたとき、いちばん多く質問を受けるのが、この9番目のルールです。

## 『つねに「Unko」でいる』

「Unko」とはなんでしょう。

「ユーエヌケーオー？」「アンコ？」「アンケーオー？」

いえ、想像されたとおり、「うんこ」です。

とても汚い言葉ですが、これは「絶えず学び、成長し続ける」という僕の覚悟です。

自分が「初心者」であることを忘れないために、**あえて汚い言い方で自分にヤジを飛ばしているわけです。**

なぜなら、「お山の大将」にはなりたくないからです。

今でこそ営業としても結果も出し、独立し、こうやって本まで書かせていただけるようになりました。そうすると、周りにいる人も僕のことを褒めてくれます。要するに、チヤホヤしてくれるんです。

でも僕は、もっといろんなことを知りたいし、ずっと成長していたい。

どれだけ周りに褒められようとも、結果を出そうとも、初心者でい続けるために、このルールが必要でした。

調子が悪いときに「うまくいっていません」と言うのは勇気がいることです。

誰かに相談したり、アドバイスをもらったりするのも、「バカにされるんじゃないかな?」と不安になります。

それは、かつての僕のように「できないやつだ」と思われるのが怖いから。

でも、それでは学びや成長が止まってしまいます。

**いっそ自分のことを「Unko」だと思ってみると、なんでも相談できるようになります。**素直に教えを受け取れます。

だって、「Unko」なんですから。プライドが邪魔するなんてこともありません。

絶えず学び、成長し続ける姿勢が「謙虚な人」として記憶に残り、応援される人に近づく一歩となります。

焦らず、自分のペースでかまいません。まずは無知を自覚して、何かひとつからでも、学びを始めてみてほしいと思います。

# RULE 09

# つねに
# 「Unko」でいる

「優秀でいよう」という姿勢が、
成長を妨げる。
自分の「弱さ」に目を向け、受け入れると、
それが強みに変わったり、
無知を自覚して学ぶ姿勢が生まれたりする。

# 第10章

# 誰よりも自分がいちばんに「感動」する

## ——「持続」のルール

# 夢を諦めなかった「難病の青年」

『夢のパイロット気分を満喫／成田空港で難病の中学生』

中国新聞のある記事に、僕は目が釘付けになった。
筋ジストロフィーを患う当時中学2年生の青年が、
成田空港でジャンボ機の操縦席に座らせてもらったという内容だ。
彼の夢はパイロットになることだったが、
パイロットの身体検査基準は驚くほど厳しく、
筋ジストロフィーを患った体では規定を満たせない。
それは彼自身がいちばんわかっていたはずだけど、
彼はそれでも夢を諦めることができなかったそうだ。

そこで、難病の子供の夢をかなえる公益財団法人、

「メイク・ア・ウィッシュ オブ ジャパン」に応募したところ、
その団体が航空会社に相談し、夢が実現した。
空港に招待された青年は、パイロットの制服を着て操縦席に座り、
実際に空港敷地内を走行したと記事には書いてあった。

じつは一時期、パイロットを目指して訓練していた僕は、
この記事に大いに感動し、勇気をもらった。
そして、どうしても彼にお礼を伝えたくなった。
前を向かせてくれたことに、ただ感謝の気持ちを伝えたかったのだ。
団体を経由して青年にお手紙を送ったところ、
ご家族からお電話をいただき、ご本人と直接話すことができた。
僕は感謝の気持ちを伝え、ひとつの約束をした。
「必ずパイロットになって、僕の飛行機に乗せるからね！」

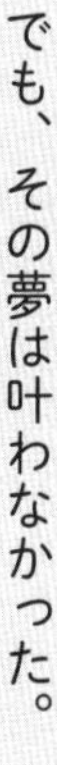

でも、その夢は叶わなかった。

# 本当に難しいのは変わることより「続ける」こと

営業にかぎらず、ほとんどの仕事は「人と人とのコミュニケーション」です。

「売る」「買う」という関係ではなく、人として誠実な姿勢で相手と向き合うことで感動が生まれ、記憶に残り、信頼される存在になれます。

ですがお伝えしてきたように、感動は細やかな気遣いから生まれます。

相手のことを知ろうとしたり手間をかけたりと、時間がかかります。

つまり忙しくなります。

そして忙しくなると、当たり前のことがついおろそかになってしまいます。

**当たり前を大切にし続けることは、その大切さに気づくことよりも、さらに難しいのです。**

そこでこの章では、記憶に残り信頼される人であり続けるために大切にしていることをお伝えしようと思います。

これだけ「感動が大事だ」とお伝えしてきた僕も、ホテル時代にはその心を忘れかけたことがありました。

1冊の本に感動し、リッツ・カールトンに入社した当初、僕は「ここで働くからには、たくさんのお客様を感動させよう！」と息巻いていました。

でも、いざ現場で働いてみると、難しいことばかりでした。

……とにかく忙しかったんです。

開業して間もなかった東京のリッツ・カールトンは大盛況で、僕が配属されたバーラウンジも毎日朝から晩まで満席。時間制限が設けられるほどでした。

すると、口では「お客様を感動させる」と言っていても、頭の中は「次はアレやって、コレやって……」と段取りのことばかり。とてもではないですが、感動のことなんて考える暇がありませんでした。

気がつくと僕は、仕事をこなすだけで精一杯になっていました。

そんな状況でも、お客様のお誕生日やサプライズのご依頼はいただきます。それも、毎日のように……。

ディナーのお皿を下げると、ご依頼主のお客様にこっそりとタイミングを確認して、ケーキのロウソクに火をつけ、テーブルにお出しする。

お客様は「わー!」と目を輝かせて感動してくれます。

でも、今だから言える話ですが、僕のなかでは完全に流れ作業になっていました。ケーキを出しながらも、**頭のなかは次の仕事の段取りでいっぱいだったんです。**

仕事が忙しくなると、つい「こなす」ことで精一杯になります。

当時の僕を見たお客様は、きっと「この人、忙しそうだな」と感じていたと思います。たとえ忙しくても、お客様に「忙しそう」と感じさせたらプロ失格ですよね。

やがて仕事の本質を忘れていたことに気づくわけですが、そこで多くの人がこう考えます。もっと知識や技術を身につければ余裕が生まれるはずだ、と。

ですが**その自己研鑽によってさらに時間はなくなり、本質を見失う悪循環に陥ってしまいます。**

リッツ・カールトンで忙殺されていた僕も、目の前の仕事やお客様にろくに向き合えていないにもかかわらず、「お客様を感動させたいんです！」「そのために、もっと成長しなくちゃいけないんです」と、当時の上司に話していました。

するど、上司からある質問が返ってきました。

**「君は感動しているのか？」**

この質問への僕の答えは、ＮＯでした。

お客様を感動させられる人は、自分が感動している人だけだ。

上司はそう教えてくれました。

忙しさのせいにして、僕はいちばん大切なことを忘れてしまっていたのだと気づきました。

## 感動を知らない人が、他人を感動させられるはずがない

あれやって、これやってと考えている状態は、まさに「心ここにあらず」です。そんな状態で、お客様との会話に集中できるはずがありません。

そこで、あることを心掛けてみました。

お客様へのサービス中は**「後のことは考えない」ように意識したのです**。

すると、お客様との会話にも集中できて会話が楽しくなりました。

当然、お客様との距離も近くなりますし、サプライズに喜んでくれると自分のことのように嬉しくなりました。僕は感動を取り戻したのです。

誰しも、自分が経験したこと以上のものはプレゼントできません。

「友達の誕生日祝いに、美味しいイタリアンに連れていってあげたい」と思ったとしても、お店を知らなければ難しいですよね。

検索して少し背伸びしたお店に行くことも可能ですが、「本当に喜んでくれるかな」「失敗してないかな?」と、不安になってしまいます。

なぜなら、自分で体験していないからです。

**「自分はよくわからないけど、きっと相手は喜んでくれているだろう」という姿勢では、それは自己満足にしかなりません。**

ホスピタリティは「自分がそうしたいから、すること」だとお伝えしましたが、それは「自分は、こうされたら嬉しい」と思うからこそ、できることです。

自分の心が動いたことを相手にも伝えるから、心が動くのです。

それに気づいた僕は、仕事以外でも「感動」を意識的に求めるようにしました。

休みの日は映画を観たり、小説を読んでみたり。サービスが素晴らしいと話題の飲食店があれば体験しに行ったり。

すると、「こういうときに、人は感動するのか!」「この映画で主人公が彼女に仕掛けたサプライズはリッツ・カールトンでもできそうだ!」と、いろんなアイデアと意欲が湧いてきました。

お客様を感動させたいと願うのであれば、真っ先に自分が感動することです。

**感動を知らない人が、人を感動させることはできません。**

あなたは最近、感動できているでしょうか。

人の発言、感謝、気遣いにしっかりと向き合い、感動できているでしょうか。

お客様が時間通りに商談に来てくれること、話を聞いてくれること、決断してくれることを、当たり前だと思っていないでしょうか。

感謝も感動も、自分が相手に感じた分だけ、こちらにもちゃんと返ってきます。

まずは自分が感動するから、お客様にも感動を渡せるのです。

## ネガティブな僕の背中を押してくれる「感動の記憶」

自らの感動体験は、他人の感動につながるだけではありません。

未来の自分の心をも震わせてくれます。

誰でも、ときには気持ちが落ち込むこともありますよね。

そんなとき、**自分の「感動体験」が力を与えてくれるんです。**

僕は周囲から、よく「落ち込んだりしないでしょ?」「いつも明るくていいね!」と言われます。どうやら根っからのポジティブ人間だと思われているようです。

でも、かつてはとてもネガティブな人間でした。

中学3年生で人間関係につまずき、高校の3年間は友達0人。早退してばかりで、家では親に反抗して家庭崩壊させてしまいました。

だから今でも、ふと「努力なんて無駄なんじゃないか」「自分のことなんて誰も見ていないのではないか」と、気持ちが落ち込むことがあります。

気遣いに気づいてもらえなかったときや、紹介につながらなかったときなど、かつての「暗い自分」が一瞬、顔を覗かせます。

そんなときに、思い出している経験があります。

それは、まさに人生のどん底だった高校生時代のことです。

当時の孤独な日々での唯一の楽しみが、飲食店でのアルバイトでした。学校や家での僕を知らない人しかいない空間でしたから、そこでは気楽に話せました。

何より料理長が、新入りの僕にも真剣に指導してくれる、とても熱い人でした。

その料理長に、ふと、学校や家で居場所がない話をしたときのことです。

僕の目をじっと見て、こう言ってくれたんです。

**「福島、努力してれば必ず誰かが見ていてくれる。だから、腐るなよ」**

帰り道、僕は感動して涙がこみ上げました。

見ていてくれる人がいる。そう思っただけで、僕は孤独ではなくなりました。

20年以上経った今でも、あのときの言葉は心にしっかりと記憶されています。

そして孤独を感じたとき、誰にも理解されなかったとき、心の奥からそっと取り出すと、「もう少し頑張ってみよう」と、ふたたび前を向けるんです。

# 心のエネルギーを涸らさずに働くには

みなさんにも、「感動した経験」があるのではないでしょうか。

仕事にかぎらず、日常のことでもかまいません。

**その感動体験を忘れないように記録しておきましょう。**

感動はとても刹那的なものです。そのときは涙が溢れるくらい心が動いたことも、翌朝になると忘れていたりします。だから、心が落ち込んだときにもう一度「感動」を思い出して前を向けるように、記録に残してほしいのです。

仕事は一生懸命に取り組むほど、ラクではなくなります。

つらく感じるのは、真剣に取り組んでいる証です。

だからこそ日々、心のエネルギーを消費していきます。

いくら明るく見える人だって、毎日エネルギー満タンなわけではありません。

心が求めていないことばかりが続くと、やはり気が滅入ってしまいます。モチベーションも上がらなくなります。

車だって、最初は燃料満タンで走り始めても、段々と燃料は減っていきますよね。そんなときは、必ずガソリンスタンドを探して給油します。

人も同じです。最初は情熱を持っていて心が満たされていても、走り続けるうちにエネルギーが減っていき、やがてはガス欠になり動けなくなってしまいます。

そうなる前に、**「感動」という名のエネルギーの給油が必要です。**

だけど、日々の仕事で頻繁に得るのは難しいですよね。

そんなとき、記録していた過去の感動体験を思い出せると、「そうだ、自分はこのために働いているんだ」と、自分が進む方角を思い出し、また前に進めるのです。

「自分はこんなことに感動してきたんだ」

そう再認識できるだけでいいのです。そのとき、あなたの心には生きていくために必要なガソリンが給油されていきます。

感動体験の記録が、**「心のガソリンスタンド」**になるんです。

## 30歳で挑戦した「パイロット」への道

僕の「心のガソリンスタンド」には、とりわけ特別な記憶があります。営業の仕事に挫けそうになったときに取り出してきた、とても大切な思い出です。感動の記憶が自分を支えてくれることの実例として、お伝えさせてください。

じつは僕には、航空会社のパイロットを目指した時期がありました。10代、20代の話ではありません。30歳のときの話です。営業になるよりも前、リッツ・カールトンで学んだホスピタリティを別の世界で発揮してみたいと思い立ち、最初に選んだ道がパイロットだったのです。

幼い頃の僕は飛行機が大好きでしたが、CAさんやグランド・スタッフさんがニコニコと接客しているのに対し、スタスタと歩いて行ってしまうパイロットの姿を見て、子供にとって「夢の職業」なのにもったいないなと感じていました。

それなら、自分が世界で最初の「ホスピタリティ溢れるパイロットになろう！」と、パイロットへの道を志しました。

僕はさっそく、大阪にある民間のパイロット養成学校に入学しました。

座学やフライト訓練を経た後にアメリカへ渡り資格を取得し、その後、再度日本で訓練をしてプロのパイロットになるというカリキュラムです。

もちろんパイロット経験なんてありませんでしたが、社会人経験があった分、「自分ならできるはず！」と、根拠のない自信だけがありました。

でも訓練が始まってみると、僕は成績最下位に。同期のなかでもどんどん遅れを取っていきました。

当時の僕は、まだ劣等感の塊です。なまじ社会人経験があるためにプライドが邪魔をして、年下の同期たちに相談したり、アドバイスをもらったりができませんでした。それも、成績が上がらない大きな理由でした。

「もう、辞めてしまおうか……」

養成学校に入って3ヶ月が経った頃、僕はそう考えるようになりました。

学科試験が目の前に控えていましたが、気乗りしないまま試験情報を見ていたときのことです。そのとき目に飛び込んできたのが、筋ジストロフィーを患いながらも、飛行機の操縦席に座るという夢を叶えた青年の記事でした。

僕は衝撃で言葉が出ませんでした。

彼は難病と闘いながらも夢を諦めていないのに、一方の僕はどうだ？　ちょっとうまくいかなかっただけで挫折しているなんて。

彼の姿に感動した僕は、もう一度訓練に挑む勇気を持てました。

## 果たせなかった約束が、僕に残したもの

再び訓練に立ち向かう勇気をくれただけでも、大きな感動体験ではありますが、この話には続きがあります。

先述のとおり、僕は彼との約束を果たせませんでした。アメリカでの訓練時に耳の持病が発覚し、パイロットの道を諦めざるを得なくなったのです。

そして日本に帰国し、アメックスに入社して法人営業職に就きました。

営業になって2年目のある朝、あの青年のお父様から電話がかかってきました。

彼が亡くなったと、電話口で伝えられました。

「息子が亡くなりました。遺書の中に、福島さんにもお礼を伝えてほしいと書かれていたので、電話をかけました」

お父様の言葉を聞いた僕は、思わず謝罪しました。

「パイロットになって飛行機に乗せると言っておきながら、僕は夢を果たせませんでした。本当に申し訳ありません……」

すると、こう言われたんです。

「息子は福島さんの話をするとき、とても楽しそうでした。夢を見させてくれてありがとうございます」

約束を果たせず、何もできなかったのに、彼はそうは思っていなかった。

それに、遺書に感謝の言葉まで託してくれたなんて。

オフィスの非常階段で通話を終えた僕は、声を押し殺しながら大泣きしました。

そのときに、僕は誓いました。空から見てくれているあの青年が憧れるような「立派なビジネスパーソンになる」と。

その約束を、果たせているのかはわかりません。

この本を書いている今でも、落ち込むことはたくさんあります。

朝起きて「働きたくない」と思うことだってあります。

理想と現実のギャップを感じて、挫けそうになることもあります。

そんなとき、僕はいつも思い出すんです。彼との約束を。

すると、頭を支配していた目先の悩みが気にならなくなります。

**「そうだ、僕にはこんな悩みよりも、もっと大切なことがあるじゃないか」**

彼との思い出が、前を向く力を与えてくれる大切な「心のガソリンスタンド」となって、今でも僕を支えてくれているんです。

# RULE 10

## 誰よりも自分が<br>いちばんに「感動」する

人は自分が感じたことしか、
人に与えられない。
人を感動させたいなら、
まず自分が「感動できる人」でいること。
その経験が、挫けそうな自分も支えてくれる。

# 第11章

# 「最後尾車両」に乗ってカーブを待つ

## ——「目標」のルール

## 肩の荷を降ろしてくれた「常連のTさん」

リッツ・カールトンに入社して3年目、僕は焦っていた。

同僚のなかに、目標に向かって行動を起こす人が増えてきたからだ。

海外のホテルや別業界に転職する人、独立してバーを経営する人。

そんな人を見たり話を聞いたりするたびに「羨ましい」と痛感していた。

一方で、僕には明確な目標がなかった。

接客が大好きで、誰にも負けない自信はあったけど、

「店を持ちたい」「海外で経験を積みたい」なんて考えはなかった。

気がつけば、僕は部署でいちばんの年長者に……。

正直、とても不安だった。

そんなある日、常連のお客様からこんな質問をされた。

「福島さんは、これから何を目指すの？」
そのお客様は、ある大企業の経営者であるTさん。
僕からすれば雲の上の存在の人だが、いつも謙虚で、
いちスタッフの僕にも礼儀を持って接してくれる方だった。
だから僕は恥ずかしがりながらも、正直に打ち明けた。
「目標は、とくにないんです。
でもサービスは大好きで、人と関わる仕事を続けたいと思っています」
そう答えると、Tさんは笑いながらこう言った。
「目標なんて持たなくてもいいよ！
僕だって、まさか社長をやるなんて昔は思ってもみなかったもん。
自分が成長していれば、いつかきっとチャンスがくるはずだから」
その一言に、僕は救われた。
目標がないことに後ろめたさを感じたり、
目標を持とうと頑張ったりしなくていいんだ。
肩から重荷が降りたように心が軽くなったのを、よく覚えている。

# 「目標」を持つことが正しいとはかぎらない

「目指せ売上100億円！」

「来期は契約件数1・5倍を達成しよう！」

こんな言葉にワクワクする人であれば、この章を読む必要はないかもしれません。

ですが僕のように、むしろ「冷めた気持ち」になってしまう人には、ぜひお伝えしたいことがあります。


**どんな「目標」なら目指す意味があるのか**、という話です。


営業にかぎらず、ほとんどの仕事には目標やノルマがあります。

人生やキャリアにおいても、目標は大事だと言われます。

目標もなく頑張ろうとしても、「どこまでやればいいのか」がわからない、賽(さい)の河原で石を積むような苦行になってしまいます。

つまり目標というゴールが定まっていることは、ある意味で救いでもあります。目指す地点があるからこそ、そのために必要なことがわかり、順番に実践していけます。それが、理想に向かって着実に前進するための不変的なセオリーです。

だから僕も、営業やキャリアには「目標設定が必要なんだ」と信じていました。目標がない人生はダメな人生であり、目標から逆算して今やるべきことをやることが大切だと、信じていました。

ですが今は、**必ずしも目標を持つことが正しいわけではないと考えています。**

目標には副作用があります。

達成に向かって順調に進んでいるときは充実感を得られますが、予定とのズレが生じると、理想と現実のギャップが僕たちを苦しめ始めます。

軌道修正が可能な範囲のズレであれば、「ここから挽回してやる！」と、さらなる向上心や熱意につながることもあるでしょう。ですが、もはや達成が不可能な状況に陥ってしまうと、**「頑張っても無駄だ」という無気力感に襲われます。**

それでも「目標は必達だ！」と会社に言われて、挙げ句の果てに不正行為に手を染めたり、プレッシャーに耐えきれず会社を辞めたりという結末も起こり得ます。

そもそも、本当に目指したいと思える目標でないと、効果はありません。

営業を始めた頃、上司との面談で目標を求められた僕はこう言いました。

「目標は表彰台に登ることです！」

そう言いながらも、現実は表彰台どころか全営業最下位の落ちこぼれ。

なぜそんな無謀な目標を掲げたのか。答えはシンプルです。

**そう答えれば、上司が喜んでくれると思ったからです。**

営業としての模範解答を答えただけでした。

だから当然、身も心も入りませんでした。そんな人が目標を達成できるはずがありません。他人のための目標を立てても意味はないのです。

むしろ、目標として目指すのをやめたから、その後、おのずと表彰台に立てました。

批判を恐れずに言うと、**目標なんて持たなくてもいいと思っています。**

たまに、「福島さんは何を目指しているの？」と聞かれることがあります。

「売上○億目指します！」

「新しい事業をやります！」

質問者は、そんな答えを期待しているのだと思います。

それは痛いほど伝わってくるのですが、僕は決まって、こう答えています。

「目標はとくにありません」

なぜなら目標よりも、もっと大切なものがあるからです。

## じつは成功者には「2つのタイプ」がいる

会社のため。上司のため。そんな目標を掲げても意味がない。

そう気づいた営業時代の僕は、「目標」を意識するのをやめました。

会社から課せられた目標金額はありましたが、**毎日送られてくる進捗を伝えるメールは読まずに消去していました。**数字を必死に追いかけても結果は出なかったのですから、逆に一度、意識するのをやめてみようと思ったのです。当時の僕は営業成績よりも「記憶に残る人になる」ことを優先したいと考えていました。

僕がこんな大胆な行動をとれたのは、それまでに出会ってきた多くのお客様たちの影響があったからです。

営業活動を通して、さまざまなタイプの成功者と出会ってきました。

商品をご案内するだけではなく、成功の裏にはどんな過程や哲学があったのかと、お客様の話を聞くのも楽しみのひとつでした。

あるとき、成功者には大きく2つのタイプがあることに気がつきました。

ひとつは、しっかりと計画を立てて、今やるべきことに注力して結果を出した人たち。言うなれば「目標設定型」です。

もうひとつは、目標は設定せず、出会う人とのご縁でチャンスを掴んだ人たち。

ビジネスで成功している人は前者のイメージが強かったのですが、**実際に話してみると、意外にも両者の割合は半々くらいの印象でした。**

ただ後者は、のんびりビジネスをしていたらチャンスが突然舞い降りてきた、というわけではありません。

目標を持たない代わりに、彼らはあるものを持っていました。

**自分が「今、どう在りたいのか」という意識です。**

「こんな想いで会社をつくったんです！」「私は〇〇な人で在りたいんです！」と、その在り方を恥ずかしげもなく公言している人ばかりだったのです。

そんな言葉を聞いていると、不思議とその人を応援したくなっていきました。ハッキリとした目標はなくとも、信念や熱意を聞いていると、こちらの心が震えてくるんです。第5章で紹介したように、相手の姿が鏡となって、そこに自分の想いが映しだされるような感覚になります。

そして気づくと、「その想い、わかります！」「僕のお客様にこういう人がいて、よければおつなぎします！」と、思わずご紹介していました。

その人の会社やビジネスを応援するというよりも、**その人自身を応援したくなってくるのです。**そんなことが何度もありました。

反対に**目標のための「計画」を説明されても、応援したいとは思えませんでした。**

「3年後のために、今こんな事業をしているんです」

「5年後にトップ営業になるために、今年はこの金額を目指しています」

そんな言葉を聞いても、「僕が応援しなくても、うまくいきそうだな」「僕が出る幕はなさそうだ」と感じるだけで、ただ見守るだけでした。

## 地図の代わりに「コンパス」を手にして歩む

今でこそ「記憶に残る人になる」という在り方を大事にしている僕も、営業を始めた頃はまるで違いました。

目標を達成できるなら手段は何でもいい、お客様も誰だっていい。そう思っていました。でもそんな人間に共感して応援してくれる人なんていませんでした。

ときには価値観が合わないお客様ともつながってしまい、クレームに発展して疲弊することもしばしば。「営業はつらい仕事なんだ」「我慢が必要な仕事なんだ」と、落ち込んだことが何度もありました。

それが、「記憶に残る人になる」という在り方を定めて、数字を追いかけるのをやめたことで変わりました。

さまざまな工夫で自分の在り方を伝え続けた結果、「福島は本当にお客様のことを考えている」と評判になり、紹介が舞い込んできたんです。

僕の在り方に共感したお客様や仲間が集まってくれて、一方で、僕と合わない人は自然と遠ざかるようになっていきました。

この結果は、誰かに決められた目標や、「今月は○件の紹介を獲得する！」という目標があったからではありません。

**在り方を大切にするうちに、数字が後からついてきました。**

「目標を達成すれば報われるはず」と自分を犠牲にして目標を追うのをやめたことで、おのずと目標にも届いたのです。

そんな話を友人にしたところ、彼は僕に向かってこう言いました。

「それはきっと、展開型の人生だよ」

僕は自分の生き方を肯定されたようで、一気に視界が開けました。

目標は、目的地の場所を教えてくれる「地図」のようなモノだと考えています。目的地まで最短距離で着くために便利なものですが、失くすと迷ってしまいます。それに今は、目まぐるしく変化が起きる時代です。昨日までは地図に描かれていた道が、明日にはなくなっているかもしれません。

与えられた正解に頼ることが、リスクになるのです。

一方で「在り方」は、どの方角に歩いて行けばいいかを教えてくれる「心のコンパス」です。**コンパスがあれば、道がなくなっても目指す方向は見失いません。**

在り方を明確にすることは、決してブレない心のコンパスをつくることなのです。

そして勇気を出して自分の在り方を口に出してみると、「素敵だね！」「○○さんらしいね！」と、ポジティブな反応を示してくれる人が必ず現れます。

「こんなのでいいのかな？」とおっかなびっくりだった気持ちが、他者から肯定されるうちに自信が芽生え、「これが私なんだ」と、強く太く育っていきます。

急成長させようとした木は、年輪と年輪の間が開き、倒れやすくなるそうです。

焦らず、自信という名の年輪をひとつずつ刻んでいく。道の途中で多くの人やチャンスと出会い、予想していたことではないけど、望ましい方向に向かっていく。

そんな「展開型の人生」も、ひとつの生き方なのです。

## 目標を持たない人だけが辿り着ける場所がある

予測不可能な展開型の人生には、ときには挫折も訪れます。

でも順調に進む人生だけが価値があるとは思いません。

**挫折こそが自分を強く、しなやかにしてくれます。**

これに気づかせてくれたのも、この章の冒頭で紹介した経営者のTさんでした。

彼との出会いから一年後、僕はパイロットを目指すために、大好きだったリッツ・カールトンを退職しました。その際、Tさんにも直接お伝えしました。

「じつは目標が見つかりました。僕はパイロットを目指します」

Tさんは僕の目を見ながら、「目標ができたんだね。福島さんは、きっと何をやっても大丈夫。いつも応援していますと言ってくださいました。

しかし2年後、身体上の理由からパイロットの道を諦めることになったのは、第10章でお伝えしたとおりです。

訓練をしていたアメリカから日本に帰国した僕は、住む家もなく、カプセルホテルを転々としていました。当時、僕は31歳直前でした。

「この歳で住む家も仕事もない。なんて情けないのだろう……」

ふさぎ込んでいたとき、Tさんにかけていただいた言葉を思い出しました。

「福島さんは、きっと何をやっても大丈夫」

その言葉に背中を押され、「パイロットになれなかったからには、それ以上に稼いでやる！」という野心を持ち、僕は営業の世界に飛び込む覚悟を決めました。

アメックスの最終面接直後、思い切ってTさんにメールをしてみました。

「ご無沙汰しております。じつは、パイロットの道を諦めて帰国することになりました」と伝えたところ、すぐに返信がきました。

「人と竹は似ている気がします。**竹は節目があるから強くしなやかに育つ。福島**

**さんの挫折はきっと節目なんです。**これからも応援しています」

その後、僕はアメックスに無事就職しました。

「営業として結果を出して、Tさんにまたお礼に伺おう」

そう心に誓った矢先、Tさんの訃報を聞くことになります。

Tさんから最後にいただいたメールは、今でも挫折をしたときや、苦しいときに読み返して、一歩踏み出す勇気をいただいています。

Tさんの「目標は持たなくてもいい」という言葉がなければ、もともと見栄っ張りな僕は、海外のホテルに転職するとか、本心ではない目標を無理に設定して実行していたかもしれません。

それなりの人生を歩むことはできたかもしれませんが、パイロットに挑戦したり、営業をやって独立をしたり、企業で講演をさせてもらったり、こうして本を書かせてもらったりしている人生になったとは、到底思えません。

目標は、**その時点で想像できる限界値です。**

想像の限界を頂点として、逆算した「今やるべきこと」をするわけですから、それ以上に届くことはありません。目標は可能性の「蓋（ふた）」にもなるんです。

目標がない人には、その蓋がありません。

だから**目標は、ないほうが突き抜けられます。**

まるで想像もしなかったステージまでいけることだってあります。

僕の人生は挑戦や挫折だらけですが、そのすべてが大事な節目になっています。

「目標なんて持たなくていい」

この言葉をもらってから11年が経った今も、僕には明確な目標がありません。

## 目指す価値のある「真の目標」とは

ここまでさんざん「目標は必要ない」と述べてきましたが、じつは在り方が明確になると、おのずと目標が生まれてきます。僕の12のルールが生まれたように、「在り方を実現するために達成したいこと」が見えてくるのです。

この自分で決めた目標こそ、**目指す価値のある「真の目標」です。**

ホテル時代も「記憶に残る人になる」という在り方を大事にしていた僕には、そのために目指すと決めた「自分だけの目標」がありました。

**1日に10枚、手書きの名刺をお客様に渡すことです。**

無地の名刺の表に名前、裏にお客様への感謝をびっしり書いて用意し、僕のサービスに感動したお客様から名前を聞かれたときにだけ、この名刺を渡していました。

でも、考えてみてください。普段、飲食店やホテルで従業員に向かって「あなたの名前を教えてほしい」なんて、言ったことはありますか？

正直、僕は一度もありませんでした。

だからサービスに感動して名前を聞かれるなんてこと、普通ならあり得ないんです。そんなあり得ない経験を「1日に10回してやる！」という、あまりに無謀な目標を自分に課したのです。

でも、**自分で決めた目標ですから、僕はワクワクしていました。**

それに無謀な目標を定めたおかげで、他の人と同じことをやっていてはダメだと気づき、「みんながやっている当たり前を変える」という視点を得られました。

結果的に、僕はリッツ・カールトンで働いた約6年間で、6000枚以上の手書き名刺を手渡すことができきました。

「なんだ、やっぱり目標って大事なんじゃないか」

そう思われた方もいるかと思います。

はい、目標はとても大事なんです。ただ、それは**自分が心から目指したいと思える目標でなければ意味がないということです。**

会社に言われたから。みんなが目指しているから。

そうやって立てた目標を追うことには意味がありません。

あなたが目指している目標は、誰のためにあるものでしょうか。

お客様のため？　会社のため？　世の中のため？

僕はこう思います。自分がいちばん理想の状態になれること、つまり**自分の理想の状態を実現するために目標は存在する**のだと。

目標を達成するために、自分を偽るのではありません。

自分の在り方を定めるから、達成したい目標が見えてくるんです。

## 成績好調な僕の心にふたたび吹いた「すきま風」

「真の目標」がすぐに見つかるとはかぎりません。でも焦る必要はありません。

**来るべきときがくれば、真の目標はおのずと見つかるものです。**

こう考えるきっかけとなったのは、営業4年目の出来事でした。

すでに在り方を見つけた僕は、すっかり紹介営業も安定してきました。

商品やビジネスの知識も1年目の頃と比べると雲泥の差。どんなお客様と会っても、それなりの会話ができるまでに成長していました。

ですが、僕の心には「今のままの仕事をしていて、本当にいいんだろうか?」と、ふたたび小さなすきま風が吹いていたんです。

目標

法人営業といっても、新規開拓からコンサルティングまで一気通貫で担当する営業、新規開拓営業からバトンタッチを受けて顧客の日常をサポートするルート営業、社内にいながら電話で営業するインサイドセールスまで、さまざまです。

僕がやっていたのは、そのなかでも新規開拓専門の営業でした。

契約が成約すると、お客様の担当は社内の別部署に引き継がれます。

個人情報に厳しい会社だったので、たとえ自分が契約を担当したお客様であっても、カードの利用回数や獲得ポイントなどは確認する術がありませんでした。

とはいえ僕の場合、契約をいただいたからといってお客様との関係が終わるわけではありません。別のお客様をご紹介いただくなど、コミュニケーションは続きます。

そのなかで「福島くん、私のポイントはどれくらい貯まっているかな?」「限度額はあといくらかな?」などの質問をされても、僕にはわからないんです。

「お役に立ちたい!」と思ったとしても、お客様の情報が一切わからないため、関わることができませんでした。

お客様との関係の入り口しか担当できない仕事に、しだいにやりがいを持てなくなっていきました。営業を始めた頃には思いもしませんでしたが、契約だけでなく、**もっと深くお客様のお役に立ちたくなったのです。**

でも、現状はできていない。これが、すきま風の原因でした。

思い立ったらすぐに行動してしまう性格の僕は、すぐに転職サイトに登録して、「営業」で検索して出てきたすべての求人に目を通しました。

しかしピンとくる会社は見つからず、「このままの仕事が続くのか……」と思い始めた矢先、いくつかの生命保険会社からヘッドハントされたのです。

「生命保険」を扱うなんて、はじめは全然ピンときませんでした。

でも採用担当者に「福島さんならきっと成績トップになれる！」「あなたみたいな人を探していた！」なんて言われるうちに、「そうかな？」と思えてくるんです。

保険営業という仕事にはしっくりこないままでしたが、「自分を変えるには飛び込むしかない」と決意し、ある保険会社と面談を進めることにしました。

目標

# 最後尾車両に座って「その時」を待とう

本業のかたわらで転職活動を進めるわけですから、時間は足りず、終電ギリギリまで働くことが増えていきました。

**僕の人生を変える出来事が起こったのは、そんなある日のことです。**

いつものように最終の地下鉄に飛び乗った僕は、人が少ない席を求めて車内を歩き、最後尾の8両目車両の席に腰かけました。間もなく動き始めた電車の中で、普段はあまり見ない中吊り広告を、ぼうっと見ていたんです。

すると、左カーブに差しかかって揺れた拍子に、7両目の優先席に座る酔っ払いの姿が目に映りました。

「あそこに人なんていたんだ」

さっきは見えていなかったのに、カーブによって見えたことが少し不思議でした。

しばらくして、その酔っ払いは下車。僕はなんだかその席が気になり、気づいたら7両目に移動して、その席に座っていました。

しばらくすると、今度は右カーブに差しかかりました。ふと車両の先に視線を向けると、今度は6両目の優先席に座っている人が見えました。

また気になった僕は、6両目に移動し、その優先席に座りました。

そして次は小さなカーブを曲がると、5両目の優先席が見えたんです。

そうやって繰り返していたら、気づけば僕は先頭車両にいました。


車内を歩いては座り、座っては歩きを繰り返す。変な人に見えたと思います。

でも僕の頭の中には、ある気づきが芽生えました。

真っ直ぐ走っているときは前の車両の優先席なんて見えなかったのに、カーブに差しかかると見えてきた。

そうやって前へ前へと移っていくうちに、最後には先頭車両に辿り着いた。

こんなふうに、無理に目標を探さなくても、**いつかカーブが訪れたときに、次に目指したいと思えるワクワクする目標が見えてくるのではないか**と思ったのです。

最寄り駅まであと数駅のところで、僕は決断しました。

「違和感を持ったまま、焦って転職するのはやめよう」

目標があると、安心できます。

どこに行けばいいか、何を努力すればいいかがわかるからです。

それに目標に向かって頑張っている姿って、すごくカッコいいですよね。自己肯定感も上がりますし、明確な目標を持っている人にも憧れてしまいます。

目標には、人を魅了する力があります。

だから逆に、目標がないと不安になってしまいます。

転職を考えていた当時の僕が、まさにそうでした。

**環境を変えて目標が変われば、自分も変われると思っていたんです。**

でも地下鉄での出来事で、それは違うかもしれないと気づきました。

お客様から「コンサルティングをしてほしい」と相談されたのは、それから数ヶ月後のことでした。お金はいただきませんでしたが、とても大きなやりがいを感じました。セミナーや講演よりも、もっと言えば営業よりも、お客様にも喜んでもらえた実感があったのです。

その数年後、僕はコンサルティング業として独立しました。あのとき「目標がない現状」に焦って転職をしていたら、今の僕はなかったでしょう。

他人や会社に与えられた目標や、世間の尺度に合わせて目標を追う姿からは、その人の「意志」が感じられません。人の記憶に残り、信頼されるのは、**自ら掲げた目標を心から楽しんで追いかけている人です。**

課せられた目標に縛られ、自分を偽るのはやめましょう。自分の在り方を大切にしていれば、きっといつか、心から成し遂げたいと思える目標が見つかります。たとえすぐには目標が見つからなくても、焦る必要はありません。

人生には必ずカーブがやってきます。在り方を持って待っていれば、そのカーブの先にきっと「真の目標」が見えます。

そのときに、ほんのちょっとだけ勇気を出して一歩踏み出せばいいんです。

# RULE 11

# 「最後尾車両」に乗って
# カーブを待つ

会社に課せられた目標や、
上司のために立てた目標に意味はない。
在り方を大事にしていれば、
人生のカーブが訪れたときに
「真の目標」がおのずと見えてくる。

# 第12章

# 「人間」になる努力を怠らない

## ——いちばん大切なルール

# 最年少の「人生の師匠」

僕には、「人生の師匠」と呼べる人が数人いる。
今も学ばせていただいている高野登さん。
鎧を脱ぐことを教えてくれたUさん。
他にも名前を挙げられていない方は多いけど、
なかでも「最年少の師匠」がいる。
それは、娘たちだ。
僕には7歳と5歳の娘がいて、ふたりのことを心から尊敬している。
僕がいちばん欲しいと思っているものを、
ふたりはすでに持っているからだ。

ふたりがもっと幼い頃、僕たちは週末にある公園によく行っていた。
初めて訪れた日、娘は公園に入った瞬間、

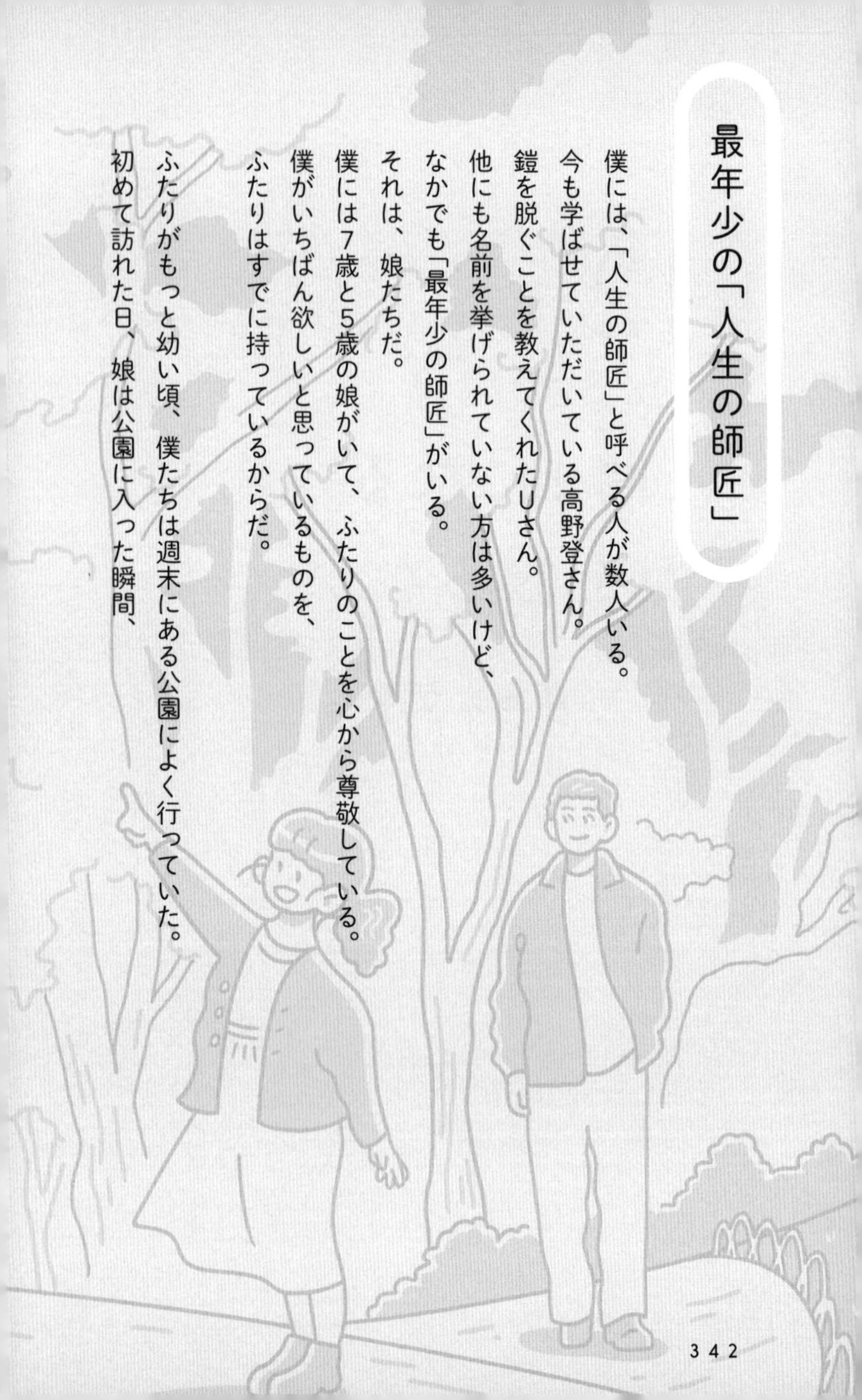

「あ！　カラスの森だ！」と目をキラキラさせて言った。
聞くと、保育園の遠足で来たことがあるようだった。
でも、たしか公園の入り口にあった名前は違ったはず……。
僕は娘に「あれ？　間違いなんじゃない？」と伝えた。
すると娘は目を丸くして一言。
「え？　ここはカラスの森！」
遠足で来たときに、たまたまカラスが数羽止まっていたらしい。
それを見て、友達と「カラスがいる！　そうだ！
ここはカラスの森だ！」と名付けたようだ。

僕は「そういうことか！」と納得するとともに、純粋に尊敬した。
僕なら公園の名前が書かれていたら、それ以外の選択肢なんてない。
名前がわからないなら、スマホで検索して終わりだ。
でも、子供たちはそんな事実を知ったところでおかまいなし。
自分が「カラスの森だ！」と思えば、そこはもうカラスの森なのだ。

# ただの「優秀な営業」になっていった個性豊かな仲間たち

この世に生きる多くの人は、何かしらの役割を生きています。

「社会人だから」「営業だから」「組織だから」「親だから」「女だから」「男だから」。

与えられた役割をまっとうするために、どうあるべきか。

そんな問いが、日々、投げかけられています。

ですが、「こうあるべき」を守るのって、本当に必要なんでしょうか？

**役割にとらわれることで失ってしまうものもある**ように思います。

アメックス時代、本当に個性豊かな同僚ばかりでした。基本的にキャリア採用のみの部署だったため、みんな何かしらの「前職」を持っていました。

営業一筋の猛者もいれば、有名テーマパークで働いていた人や、芸能関係から夜の世界まで。サファリパークのように多種多様な人が集まる職場で、「そんな経験をしたの⁉」と驚くような面白い話ばかり出てきました。

でも不思議なことに、入社から半年も経てば、そんな話は誰もしなくなります。どれだけ珍しい経験をしていたとしても、営業として結果が出なければ認めてもらえないからです。

「面白いね！」なんて珍しがってくれるのは入社してからの3日間くらいで、次は**表彰台に登ったときにしか視線を浴びることはありません。**

だからみんな「過去の話」なんて忘れて、必死に商品知識を覚えて、商談を重ねて、理想の営業を目指していきます。

営業は一般的にもイメージがしやすい仕事です。
「ガッツに溢れ、メンタルも強い、タフな人間」
「コミュニケーションが得意で、誰とでも仲良くなれる」
「向上心があり、自分磨きやステータスアップへの投資は惜しまない」
誰もが少なからず、「営業って、こんな人」というイメージがあるでしょう。

組織もまた、その営業像に重ねていく形で個人を矯正(きょうせい)しようとします。

アメックスでも、目指すべき営業像のようなものがありました。

理想の営業像を体現できている人が成績を上げていて、他の人もそれを見習います。誰もその理想を疑うことなんてありませんでした。

組織にとって大事なのは再現性ですから、成功した手法をすべての人に当てはめようとするのは当然です。

上司との1on1での議題も、基本的に「できていないことを、どうやってできるようにするか」です。つまり強みを伸ばすことより、弱みの改善に注力します。

その結果、**みんな角が取れて丸くなっていき、個性を失っていきます。**

僕も同じでした。入社当初は「お客様に喜ばれる営業をしよう！」なんて息巻いていましたが、気づけば「優秀な営業にならなきゃ」とばかり考えていました。

だからリッツ・カールトン時代に大切にしていたことも、忘れてしまったんです。

そしてあるとき、「みんなと同じことをやっている……」と気がつきました。

「他の人と同じことをやるために、僕は生まれてきたのかな……」

営業1年目の僕は、成績が振るわないくせに、そんな不安と戦っていました。

## 「表彰式」で周りが盛り上がるなか、僕の心は冷めていった

今でもよく覚えている出来事があります。

入社した当時、先輩から「目標はあるの？」と質問されたときのことです。

僕が「お客様を感動させる営業になりたいです！」と答えたところ、先輩から**「またた、嘘ばっかり」「営業は稼いでなんぼでしょ！」**と言われたんです。

営業は稼ぎたい人がやる仕事であり、そうでなければ続かないと。

この先輩だけでなく、営業1年目の僕は、何人もの上司や先輩から「もっと貪欲になれ！」と言われていました。

そこで僕は「ブランドものの時計を買う！」「年収〇〇円目指す！」などなど、無理やり目標を設定しました。でも、**どれも腹の底から「叶えたい！」という目標で**

大切

**はなかったため身が入らなかった**ことは、第11章でもお伝えしたとおりです。

また、営業にとっては夢の舞台である「表彰式」も、僕に違和感を与えました。

アメックスでは年に2回、成績優秀な営業を表彰する式典がありました。

入社から数ヶ月後、この表彰式に参加した僕は**「自分もいつかこの舞台に立ちたい！」と興奮するどころか、逆に幻滅してしまったんです。**

「今期の契約件数は○枚だ」「売上は○兆円にいきそうだ」とか数字の話ばかりで、お客様の話がひとつも出てこなかったからです。契約件数をカードの枚数単位で数えることも、お客様を人として見ていないようで嫌いでした。

**周りの同僚たちが盛り上がるなか、僕の心はむしろ冷めていきました。**

ついには社長の話の最中に寝てしまい、後でこっぴどく叱られました。

こういった経験からモヤモヤを感じた僕は、ふと思いました。

「自分はきっと、営業に向いていないんだな」と。

# 僕は役割をこなしていただけの「つまらない人間」だった

ですがある経験によって、営業という役割をこなそうとすることの無意味さに気づきました。営業1年目に、ある保険会社からヘッドハンティングを受けたときのことです。

当時、僕の成績は低迷していましたから、おそらく優秀だからではなく、ただ人手がほしかったから声がかかっただけでしょう。

でもせっかくいただいた光栄な話ですから、その会社の支店長さんと、その人を紹介してくれた友人と一緒に、恵比寿でランチをすることにしました。

食事中にお互いの仕事話になると、その支店長さんは僕にこう尋ねました。

「福島さん、あなたの仕事はなんですか？」

「なにをいまさら」と思いながら、僕は「法人カードの営業です」と答えました。

その方はしばらくうつむいて考えこんだ後、もう一言、質問してきました。

「その仕事は、なんのためにしているのですか?」

なんのために……。

そんなことは考えたことがなく、面食らっている僕を見て、彼はこう言いました。

**「福島さんは本当につまらない人ですね。時間を無駄にしました」**

彼はそう言って、ランチを早々に切り上げて帰っていったのです。

当然、その支店長さんとは初対面です。「なんて失礼な人なんだ!」と、僕は憤慨したのを今でもハッキリと覚えています。

でも帰り道、その支店長さんの気持ちがわかりました。

彼は、**なんの目的もなく「ただ営業という役割をこなしているだけ」の僕のことを、つまらない人間だと感じたのだと。**

この経験が、それまでモヤモヤしていた僕にトドメをさしました。

「このままではまずい」

そう確信し、2014年の大晦日、すべてを捨てて一から考えてみようと思ったのです。そして「記憶に残る人になる」という在り方を思い出しました。

**役割をこなしているだけでは、その他大勢と一緒です。**

記憶には残りませんし、選ぶ理由も見つかりません。

自分がしている仕事や役割を脱いだとき、自分には何が残るのか。

役割という皮を剥いていったら何もなくなった。そんなタマネギみたいな存在では誰の記憶にも残れないと、この経験で学びました。

## 娘たちが教えてくれた、営業として「いちばん大切なこと」

本書の「はじめに」で、お客様から信頼を得るためには目の前の人に喜んでもらい、良い記憶の残り方をする必要があるとお伝えしました。

営業どころか、人として当たり前のことのようにも思えます。

**社会や組織から役割を押し付けられることで、僕たちはそんな当たり前のことをいつしか忘れてしまうのです。**

僕もいまだに、自分の利益や目先の結果を追いかけそうになることはあります。価値観が合わないお客様だけど、信頼してくれているし契約はもらえそうだ。この点がネックだけど、指摘したらお客様の機嫌を損ねてしまうかもしれない。業務キャパシティが限界だけど、売上を立てるためにも契約は断れない。独立した今でも、「営業だから」「経営者だから」「コンサルタントだから」といった思考が頭をよぎることは少なくありません。

そんな「役割の支配」から逃れるために、心がけていることがあります。

**つねに「人間的」であることです。**

「ひとりの人間としてどうしたいか」と考えることで、役割に縛られずに、目の前の人のために本当にしてあげたいことを思い出すようにしています。

人間としての感情を大切にする。

これを教えてくれたいちばんの存在が、僕の場合は「娘たち」でした。

7歳と5歳になる娘たちは、本当に自由に物事を考え、行動します。

「社会でこう決まっているから」「周りの人がこう言うから」なんて気にすることなく、自分が感じたことを素直に大切にしています。

この章の冒頭で紹介した「カラスの森」のエピソードがあった頃、僕はまだ鎧を着こんでコンプレックスを隠していました。でも娘たちの言葉を聞いて、仕立てのいいスーツを着て「営業らしさ」に慢心していた自分がちっぽけに感じました。

「自分が良いと思ったものよりも、周りの人から優秀だと思ってもらえる服装や振る舞いを重視している」「自分の意思はどこにもなくて、他人が決めた良いものばかり手に取っているじゃないか」。

まるで他人の人生を生きているような感覚になりました。たかが公園の名前ですが、**自分の意思で決めて生きている娘たちが羨ましく見えたんです。**

このできごとを機に、娘の行動をよく観察するようになりました。

そんなある朝、僕は長女と喧嘩してしまいました。

保育園の送り担当である僕が、娘を着替えさせて、歯を磨いて、「さあ行くよ！」と娘を見ると、まだ座ってテレビを見ていたんです。

「なにしてんの！　遅刻するよ！」と、イライラを抑えきれない僕。すると娘も不機嫌そうに「わかった！」と答え、僕たちは喧嘩状態になってしまいました。

ぐずる娘を無理やり自転車に乗せて、急いで保育園へ。

教室に着き、担任の先生に「よろしくお願いします」と伝えてもなおイライラが収まらなかった僕は、サッと背中を向けて出口に向かって歩き始めました。

そのときです。

**「パパ、いってらっしゃい！」**

振り返ると、満面の笑みで手を振る娘の姿がありました。

さっきまで喧嘩していたのに、娘はもうとっくに怒りなんて忘れていたんです。

いつまでもイライラしていた自分が情けなくなった僕は、娘の元に駆け寄り「いってきます！」と抱きしめて、保育園を後にしました。

「ちゃんとする」という言葉は、怖いですね。

「ちゃんと時間までに登園しないと」

「父親として、ちゃんとルールを守らせないと」

子供に対してだけでなく、つい自分に向けても使ってしまいます。

この言葉を口にしたとき、**それがまさに「規範や役割に縛られている状態」です。**

僕は「ちゃんと」にとらわれて、大切な娘と「人と人」として接し、その気持ちに寄り添ってあげられていませんでした。娘のおかげで、そのことに気づけました。

## 「正しさ」ばかりの時代に僕たちはどう在るべきか

「パパ、お仕事って何？」

ある日、帰宅するなり、当時5歳だった長女から質問されました。どうやら保育園でお仕事ごっこをしたそうです。娘の役は大好きなカフェの店員さんでした。返答に困っていると、娘は「○君にはミルク、○ちゃんにはコーヒーをあげたよ！」と。ニコニコ笑顔で話す娘が、きっといちばんわかっていました。

**誰かを笑顔にすること。それが、仕事だと。**

大人と子供、どちらが優秀なのかなと、考えたことがあります。

当然ながら知識や経験、スキルなどは、子供は大人には敵いません。

**でも、「人間性」はどうでしょうか。**

子供は本当に自由で、優しい心を持っていて、素直です。困っている人がいたら助けたいし、喜んでもらいたいし、それで自分も嬉しくなります。

知識やスキルはあっても、「営業だから」とか実体のない役割に縛られ苦しんでいた僕は、そんな子供たちに明らかに負けていました。

ときに役割は、人と人との結びつきを侵食します。

でも規範や役割を守ることが仕事ではありません。あらゆる仕事は感情を持った「人と人」のコミュニケーションによって成り立っているからです。

商品やサービスを売るのは結果であって、その前には人として好かれ、信頼されなくてはいけません。そのためには、相手のために何をしてあげたいか、何をしたら喜んでくれるか、これを考えることがすべてだと思うのです。

今の時代の流れにおいては、逆行した考え方のように感じるかもしれません。

デジタルや機械の力であらゆる仕事が自動化され、同一の商品やサービスを大量に提供できるようになりました。

AIの力によって人間の判断を介さずとも対応が可能になり、統計なども駆使した最適な答えが瞬時にわかるようになりました。

そもそも日本のサービスの強みは、徹底したマニュアル化や管理によって均一的なクオリティを提供することでもあります。

ですが、そんな「予想できる正しさ」ばかりが溢れる時代だからこそ、本能や直感を大切にした、ときに不合理な「人間らしい存在」こそが記憶に残ります。

**だから人間まで、ロボットのような存在になる必要はないと思うのです。**

# ただ「人間」らしくありさえすればいい

長女の体調が悪くなり、病院に診てもらったときのことです。

1件目の病院では「風邪」と診断されましたが、それでも不安が消えず、その後も数件の病院をはしごしました。

最後に診てもらった病院でも、診察結果はやはり風邪でした。

でもその病院の医者は、僕にこう言ってくれました。


**「お父さん、心配だったでしょう」**


その言葉を聞いた瞬間、恥ずかしながら診察室で泣いてしまいました。

医者と患者としてではなく、人として寄り添ってくれた言葉が、僕の不安な気持ちへの処方箋になったんです。

ここまで数々のルールをお伝えしてきましたが、すべてを意識する必要はありません。人間らしくいられさえすれば、どれもおのずと実践できることです。

お客様のために何かをしてあげたいと思ったとき、頭によぎる「でも、会社はこう言うだろうな」「でも、営業ならこうあるべきだよな」という思い。

それに惑わされず、あなたがしてあげたいと思ったことを貫けばいいだけです。

**「人間らしくいる」ことが、信頼を得るためにいちばん大切なことなのです。**

商品力や仕組みの力に頼れるなら、それでもいいと思っています。ただ忘れてはいけないのは、すべての土台には「人と人のつながり」があるということです。

目の前の相手を見て、その人のためになることを自分の頭で考える。

たとえぎこちなくても、論理的でなくても、自分の言葉で思いを伝えてくれる。

売り手と買い手ではなく、人と人として関係をつくろうとしてくれる。

僕がお客様なら、そんな人間味にあふれた人を信頼したいと感じます。

# RULE 12

# 「人間」になる努力を怠らない

すべての仕事は「人と人」のつながり。

「営業だから」「仕事だから」といった
役割に縛られず、

「目の前の人に何をしてあげたいか」

を大事にして、人と向き合う。

# おわりに
## ――「自分を騙した経験」が、在り方を教えてくれる

「記憶に残る人になる」ために大事にしてきた12のルールを紹介しました。

本編でもお伝えしたように、人の心は理屈では動かないと考えています。

なのであえて、僕自身の経験や実践してきた手法を中心にお伝えしてきました。

なかには「これは自分には合わない」と感じた方法もあったかもしれません。

好きな食べ物が異なるように、生まれた場所や親の言葉、見てきた景色から、みんな違う価値観を持って育ちます。だから、合わないものがあって当然です。

**自分の価値観に合わない方法は、するべきではないでしょう。**

自分らしくない方法を試したところで、価値観が合わない人とつながったり、合わない会に誘われたりと、いいことなんてありません。

そんなときは**「やり方（do）」ではなく「背景（be）」に目を向けてみましょう。**

「この著者は、なぜこの方法を選んだのだろう？」

「それを〝合わない〟と感じたのは、なぜなのだろう？」

そこから、「自分なりの在り方」が見えてくるかもしれません。

僕が「記憶に残る人になる」という在り方を掲げたように、大切なのは自分の「こう在りたい」という想いを持つことです。

それが、その他大勢とは違う存在として認識してもらうために必要なことです。

そこで最後に、自分なりの「在り方」を見つけるためのヒントをお伝えします。

僕が「記憶に残る人になる」という在り方を見つけたのには理由がある。

本書の「はじめに」で、そうお伝えしました。

多くのお客様と接するうちに自然に芽生えたものだと思っていましたが、違いました。**過去のネガティブな経験によって芽生えたものでした。**

後から振り返ると、学生時代の苦い経験が土台になっていたと気づいたんです。

きっかけは「感動体験の作り方」について話したセミナー。

その質疑応答で、一人の参加者からこんな質問を受けたことでした。

「本に感動してリッツ・カールトンに入社したと聞きましたが、なぜそれほどまでに感動したのですか?」

そんなこと考えたこともなく、当然ながら答えられませんでした。

それが悔しくて、僕はその週末、地元の愛媛県松山市へ飛びました。


地元には、振り返りたくない過去しかありません。

僕は18歳になった日に、逃げるように地元の愛媛から抜け出し、上京しました。

上京前、小中学校のアルバムや文集といった想い出の品をすべて、自宅の庭にあった小さな焼却炉で燃やしています。友達がいなかった4年間や、僕のせいで家庭崩壊してしまった現実を消し去りたかったんです。

嫌な過去が消える訳ではありませんが、全部を0にすれば、東京で新しい人生を送れると思っていました。

目も当てられないつらい経験しかない地元ですが、過去を振り返れば、あの質問の答えが見つかるかもしれない。そう思ったんです。

僕のルーツを巡る旅が始まりました。

地元に着いた僕は、自分に関係がある場所を回りました。

通っていた幼稚園、小学校、中学校、よく行っていた駄菓子屋さんまで。

いろいろと回りましたが、答えは見つかりませんでした。

最後に、いちばん思い出したくない過去である「高校時代」の記憶を遡り、ある公園に辿り着きました。

そこは、通っていた高校のすぐそばにある公園。当時、友達も、学校での居場所もなかった僕は、昼前には学校を抜け出してコンビニでパンを買って、ひとり、この公園で食べていたんです。ベンチでパンを食べていると鳩が寄って来て、それがちょっと嬉しかったのを覚えています。

その、いつも座っていたベンチに腰を掛け、当時のクラスメイトのことを思い出そうとしました。

ですが、見事に誰ひとりとして思い出せませんでした。

その瞬間、ハッとしました。

僕の高校時代の記憶には、誰も残っていない。

ということは、**僕のことも誰の記憶にも残っていないということだ。**
友達がひとりもいなくて、誰の記憶にも残ることができなかった。
でも本当は、友達がほしかった。誰かとくだらない話で盛り上がりたかった。
誰かの「記憶に残る」ような生き方をしたかった……。
自分が「記憶に残る人になりたい」と願うようになった理由がわかりました。
あれだけ忌み嫌っていた自分の過去が、今の僕をつくってくれていたなんて。
消したかった苦い記憶が、自慢の過去に変わりました。

後悔とは**「自分を騙した証拠」**なのだと思います。
お客様の納得感を大事にしたかったのに、締日に追われて契約を急かした。
お客様には正直でいたいのに、成績を優先して自社都合の商品を提案した。
そうやって自分を騙した経験は、後悔となっていつまでも心に残ります。
**その後悔した選択の反対が、本来の自分が「在りたい姿」です。**
ネガティブな感情によって、僕たちは後悔から目を背けてしまいがちです。
ですが仕事にかぎらず人生のあらゆる後悔と向き合ってみると、あなたの中に無意識に芽生えている「在りたい姿」に気づけることでしょう。
後悔した過去ほど、そこには在り方の原石が埋まっているのです。

最後に、ここまでお世話になった方々に謝辞を述べようと思っていたのですが、正直、誰に述べればよいか悩んでしまいました。

もちろん、本書に登場した記憶に残る人たちの存在は大きなものでした。ただ、その人たち以外からも僕はたくさんの教えをいただきました。綺麗ごとに聞こえそうですが、その誰ひとりが欠けても、今の僕が存在する気がしないのです。

不思議ですね。「記憶に残る人」になりたいと願った一方で、記憶に残っていない人にも、今、心から感謝をしているんですから。

だから、僕と出会ってくれたすべての人に、心からのお礼をお伝えします。
出会ってくれて、育ててくれて、本当に有り難うございました。

直接お礼を書かせていただくとしたら、このような機会をくださったダイヤモンド社の編集者である石井一穂さんです。こうして本を書くなんて、1年前の僕は1

ミリも想像していませんでした。心から感謝しかありません。

石井さんとは、何十時間語り合ったことでしょうか……。僕の心の中にしまってあった体験や想いを引き出し、稚拙な文章を丁寧に「本」として紡いでくれた恩人です。本当に有り難うございました。

そして、本書を手に取っていただいた皆様。

何よりも大切な「時間」を本書のためにいただき、本当に有り難うございました。

本書が皆様の人生を色鮮やかにする一助となることを、心から願っております。


記憶に残る方法とは、**誰もがやっている当たり前のことにもう一度「命（意味）」を吹き込み、自分の在り方を表現すること**です。

方法はなんだってかまいません。名刺交換、お辞儀、日常の当たり前のひとつひとつに疑問を持ち、命を吹き込めば、たちまち「特別」へと変化するのです。

その体験をしたお客様は、きっとこう感じることでしょう。


「また、あなたに会いたい」

［著者］
**福島 靖**（ふくしま・やすし）
「福島靖事務所」代表。経営・営業コンサルティング、事業開発、講演、セミナー等を請け負う。高校時代は友人が一人もおらず、「俳優になる」ことを口実に18歳で逃げ出すように上京。居酒屋店員やバーテンダーなどフリーター生活を経て、24歳でザ・リッツ・カールトン東京に入社。同社が大切にするホスピタリティを体現し、6年間で約6,000人のお客様に名前を尋ねられるほどの「記憶に残る接客術」を身につける。31歳でアメリカン・エキスプレス・インターナショナル・インコーポレイテッドに入社し、法人営業を担当。当初は営業成績最下位だったが、リッツ・カールトン時代に大切にしていた「記憶に残る」という在り方を実践したことで、1年で紹介数、顧客満足度、ともに全国1位に。その後、全営業の上位5％にあたるシニア・セールス・プロフェッショナルになる。38歳で株式会社OpenSky（プライベート・ジェット機の販売・運航業）に入社。40歳で独立し、個人事務所を設立。本書が初の著書となる。

**記憶に残る人になる**
――トップ営業がやっている本物の信頼を得る12のルール

---

2024年6月4日　第1刷発行
2024年8月29日　第4刷発行

著　者――福島 靖
発行所――ダイヤモンド社
〒150-8409　東京都渋谷区神宮前6-12-17
https://www.diamond.co.jp/
電話／03･5778･7233（編集）　03･5778･7240（販売）

ブックデザイン―三森健太（JUNGLE）
DTP――――茂呂田剛＋畑山栄美子（エムアンドケイ）
イラスト――ながたなつき
校正――――円水社
製作進行――ダイヤモンド・グラフィック社
印刷――――勇進印刷
製本――――ブックアート
編集担当――石井一穂

---


ISBN 978-4-478-11903-7


---